DES BOURBONS.

DE LA CONDUITE

DES PRINCES

DE LA MAISON DE BOURBON,

DEPUIS 1789, JUSQU'EN 1805.

..... How will this truth in Bourbon's palace sound?

YOUNG.

« Comment cette vérité retentira-t-elle dans le
» palais des Bourbons ? »

A PARIS,

CHEZ LES MARCHANDS.DE NOUVEAUTÉS,

AN XIII. — 1805.

DE LA CONDUITE

DES PRINCES

DE LA MAISON DE BOURBON,

DEPUIS 1789, JUSQU'EN 1805.

INTRODUCTION.

CINQ règnes et deux régences comprennent toute l'histoire des *Bourbons*.

Sur cinq Rois sortis de cette race, deux seulement ont mérité d'être cités dans nos annales. La gloire du premier fut son propre ouvrage ; la renommée du troisième fut l'ouvrage de son siècle.

Les *Valois* étaient au dernier degré de honte, de faiblesse et d'avilissement lorsque le *Grand Henri* sortit du fond des montagnes du Béarn, et, accompagné de quelques braves qui pressentaient sa gloire parce qu'ils connaissaient son courage et ses droits, vint, par plusieurs victoires remarquables, prendre possession de la couronne de France.

A

Henri IV n'invoqua point le secours des puissances étrangères : nulle lâcheté ne pouvait entrer dans son cœur ; il fut le vainqueur de la *Ligue*. L'Histoire l'a récompensé par le nom de Henri-le-Grand.

Il fut un général illustre, un politique habile, un économe sévère, un ami sincère du bonheur des Français ; mais il fut trop généreux envers ses plus cruels ennemis, qui ne lui pardonnèrent pas tant de vertus. C'est en vain que le génie et la probité de *Sully* secondaient les vœux de Henri IV, et allaient retirer la France des calamités et de la barbarie des dissentions civiles, lorsque le fanatisme, l'ingratitude et l'ambition étrangère levèrent le poignard sur ce grand-homme. On savait bien qu'il n'avait pas de successeur digne de lui : on espéra de troubler et d'affaiblir la France.

Louis XIII lui succéda ; mais un prince infirme, chagrin, faible et difficile ne pouvait porter le sceptre. Là commençait la dégénération subite et rapide des Bourbons, si *Richelieu* n'eût pas existé. Ce ministre, plein du génie du despotisme, et profond dans l'art de tromper les hommes, se cache à l'ombre du trône, et, gouvernant tyranniquement la France, lui donne une sorte d'énergie politique extérieure , en l'obligeant à changer tout à coup de maximes et de principes. Les Grands du royaume et la Maison d'Autriche sont les premiers objets de sa haine et de ses opérations. L'autorité seigneuriale et la pesante féodalité en sont frappées comme de la foudre : elles avaient su résister aux coups violens portés par la politique ombrageuse et farouche de Louis XI, qui avait tout osé pour agrandir la puissance royale, et qui n'avait rien entrepris pour le bonheur et la gloire de la nation ; mais ce que Louis XI n'avait qu'essayé, Richelieu l'exécuta, et fit dans nos esprits, dans nos arts, dans nos mœurs, dans notre gouvernement, dans notre politique une révolution générale et profonde qui prépara le règne de Louis XIV, retardé pendant quelques années par la sombre et artificieuse domination de *Mazarin*. La marine, relevée un instant sous le despotisme même de Richelieu, s'anéantit bientôt sous le cardinal qui lui succède.

Ici commence une *régence* également honteuse, et par les intrigues de Mazarin, et par la faiblesse d'Anne d'Autriche, et par la ridicule révolution des *barricades* qu'organisèrent un coadjuteur insolent et un parlement ambitieux, et par les dissentions civiles, qui forcèrent un jeune Roi destiné à donner son nom à son siècle, à être fugitif et comme proscrit dans ses propres États.

A peine Mazarin est descendu dans la tombe où l'accompagna l'exécration publique, que Louis XIV règne par lui-même : il force la branche d'Autriche espagnole à lui céder partout la préséance, et la cour de Rome à lui donner satisfaction ; il achète Dunkerque, porte des secours à l'Empereur, au Portugal, à la Hollande, et rend la France à la fois redoutable par les armes, et florissante par tous les arts. D'immenses travaux publics sont entrepris de toutes parts ; des monumens superbes s'élèvent ; des canaux sont creusés pour la navigation intérieure ; *Vauban* construit ses remparts ; *Duquesne, Tourville, Jean Bart, Turenne, Condé, Catinat*, conduisent ses armées de terre et de mer ; *Lebrun* peint ses galeries ; *Racine* immortalise son théâtre ; *Lenôtre* trace ses jardins ; *Perrault* construit le Louvre. La nature semble avoir prodigué à son siècle des hommes célèbres et de grands génies.

Mais les trente dernières années du règne de Louis XIV effacent et déshonorent les trente premières années de triomphes et de gloire. Une femme et un Jésuite tourmentent la conscience du monarque, et un sceptre de fer pèse sur la France. Deux fois le Palatinat est embrâsé et réduit en cendres par des ordres signés de *Louis* au fond de son palais et au milieu des plaisirs. L'Europe en eut horreur, et dès ce moment la monarchie des Bourbons recommença à dégénérer par le fanatisme et par la barbarie du ministère, comme elle avait déjà commencé à dégénérer sous Louis XIII, par la faiblesse et la nullité du monarque.

Laissons aux lettres et aux arts le soin de célébrer ce règne, qu'on a appelé *grand;* mais c'est avec justice que la politique a reproché à Louis XIV des duretés inouies, un esprit minutieux dans son zèle contre le ridicule jansénisme, une hauteur intolérable contre les nations étrangères dans le tems de ses succès, une légéreté honteuse dans l'entreprise de ses guerres, des persécutions atroces contre les Protestans, et l'infamie des *dragonades* dans les Cévennes. Les cris du Palatinat embrâsé par *Louvois*, la sourde tyrannie de *Letellier*, l'influence funeste de la veuve de *Scarron* et le ministère de *Chamillart* portèrent les plus terribles coups à la *monarchie des Bourbons*, dont il ne restait plus qu'un rejeton sans force, une minorité sans avenir, et un régent sans morale et sans vertu.

Aussitôt toutes les vues, toutes les négociations, toute la politique des Bourbons
changèrent, et furent influencées par la politique étrangère.

Le *duc d'Orléans, régent*, commence par
oublier les intérêts de sa nation, et s'unit
étroitement avec l'ennemi naturel et irrécon-
ciliable de la France. Le cabinet de Saint-
James engage le régent *anglomane* à rompre
ouvertement avec Philippe V. Ainsi c'est avec
des *Anglais* que le tuteur dissolu de Louis XV
entreprend la guerre contre son parent, que
Louis XIV avait établi à Madrid au prix de
tant de malheurs et de sang. C'était *une véritable guerre civile, conseillée au vice par
le crime, et soldée à Londres par la corruption.*

En vain toutes les calamités couvraient le
sol du royaume. Tandis que la peste désolait
la Provence, que la guerre était flagrante avec
les Espagnols, que la Bretagne couvait les
feux de la rébellion, que le reste de la France
était dans une confusion ruineuse, le régent
insultait à ses malheurs par le règne scanda-
leux des fêtes, du luxe et des voluptés.

Aussi jamais régence n'eut autant de pané-
gyristes apparens et d'ennemis secrets ; jamais
gouvernement n'éprouva un aussi désastreux

bouleversement dans les finances, ne répandit une aussi profonde immoralité dans les cœurs, ne jeta dans les âmes une aussi funeste indifférence pour le bien public : et c'est ainsi que les vices et la honte des mœurs, qui souillèrent les premiers regards et la jeunesse de Louis XV, devaient un jour reproduire sous ce même prince la plus forte dégradation de l'autorité, et la honte la plus indélébile du trône fondé par le génie de Sully et le courage de Henri IV.

On espéra quelque tems que les vertus du *cardinal de Fleury* pourraient, avec les bienfaits d'une longue paix, régénérer l'empire des mœurs et des lois. La guerre de 1744 et ses victoires ne couvrirent de gloire qu'un seul instant ce champ de bataille où Louis XV apprit au dauphin combien de larmes et de deuil coûtait une victoire.

C'est à l'ombre des lauriers que la voix publique donna à Louis XV le titre de *bien-aimé*, que le destin ne lui fit que trop chérement expier en conservant à Metz des jours qui, dès ce moment, n'appartinrent plus à la France reconnaissante, mais au vice impuni, à l'intrigue puissante et à l'insolente corruption des plus vils courtisans.

Les calamités de la guerre de 1755 furent

l'effet inévitable d'un règne lâche, d'une cour avilie et des ridicules dissentions produites par la bulle *Unigenitus*. Des minuties de superstition occupèrent plus le gouvernement et les Parisiens, qué tous les grands intérêts de l'Europe. La guerre fut malheureuse sur terre et sur mer. La honte et la bassesse souscrivirent l'odieux traité de 1763 ; et des commissaires anglais , après avoir fait démolir les fortifications de Dunkerque , s'établirent sur ses ruines pour stipuler par leur insolente présence que le roi de France n'éleverait plus pierre sur pierre dans ce port déshonoré.

L'administration des finances, toujours plus désordonnée et plus oppressive , éleva de vives discussions entre les parlemens et la cour , que déjà les ridicules résistances des *billets de confession* et des bulles avaient tant refroidis.

Ce corps antique, à qui les Bourbons avaient laissé usurper le titre pompeux de *cour des pairs;* ce corps dépositaire des lois, à qui on avait laissé impunément casser le testament de Louis XIV , et dont on avait fait ensuite l'instrument de la perte des Jésuites , subit à son tour un exil rigoureux et une suppression solennelle par la révolution judiciaire de 1771.

Dès-lors tous les maux publics semblèrent prendre un caractère de rébellion qui n'aboutit qu'à renverser des ministres vindicatifs et quelques courtisans pervers ; mais le mal était enraciné dans le gouvernement même. Louis XV livrait l'empire à un système de vénalité , de fiscalité, et de prostitution qui fit abhorrer son nom, et flétrit sa vieillesse. Il descendit au tombeau avec le vice qui l'y avait précipité , léguant à ses petits - fils une couronne déshonorée , un trésor public épuisé, les ordres de l'État en rébellion, le fisc en état d'hostilité avec le peuple, les citoyens indignés, et la France insultée par les divers États de l'Europe.

Les mêmes signes de mépris public qu'on avait donnés à la cendre de Louis XIV, furent prodigués à la dépouille mortelle de Louis XV quand elle fut portée à Saint-Denis. Voilà les tristes augures sous lesquels commença le règne de Louis XVI.

CHAPITRE PREMIER.

Premières années du règne de Louis XVI.

LES despotiques vengeances du chancelier *Maupeou* avaient trouvé leur terme dans le tombeau de Louis XV. L'antique magistrature revenait d'un exil glorieux, et rentrait, au milieu des acclamations publiques, dans les temples de la justice, long-tems en deuil. Les vampires du dernier règne venaient de disparaître. Quelques réglemens sages et des lois dictées par l'humanité faisaient croire que l'empire de la justice et des mœurs allait commencer; et tout annonçait déjà que l'ordre, l'économie et la vertu publique allaient diriger la prospérité nationale.

Mais toutes ces belles espérances, conçues par la nation dès les premiers jours d'un règne qui se présentait sous l'aspect le plus favorable, ne tardèrent pas à s'évanouir. Toutes les illusions du crédit public, toutes les promesses de bonheur pour la nation, insérées dans quelques brillans préambules d'édits, étaient presque anéanties en naissant. La joyeuse caducité de *Maurepas* n'empêchait aucune faute politique , et n'arrêtait aucun abus. Le vertueux *Turgot* , quoiqu'appuyé par la sagesse de *Malesherbes* , n'avait fait que paraître au ministère : la faiblesse du monarque n'avait pu le soutenir que dix-huit mois contre les intrigues de la Reine , contre les cabales de quelques courtisans déprédateurs , et contre les violentes clameurs de la vieille féodalité.

Des ministres versatiles et corrompus , charlatans ou infidèles , venaient tour-à-tour dévorer la substance de l'État. Un impolitique *traité de commerce* livrait vénalement toute l'industrie française au monopole de l'Angleterre. Une intrigue de cour et les besoins de soutenir les dilapidations du *comte d'Artois* avaient abandonné les finances , c'est-à-dire , le sang du peuple , à un ministre courtisan , dissipateur , immoral , administrateur infidèle , que les parlemens n'avaient pas été les maîtres de condamner , et que l'autorité royale avait oublié de punir.

Calonne dissipait , plutôt qu'il ne dirigeait les finances. Cette administration , devenue la première de toutes dans un siècle de calcul , de luxe , de guerres et d'ambition commerciale, ne ressemblait plus en France qu'au *tonneau des Danaïdes* : les sueurs et les larmes des peuples l'emplissaient toujours, et le bien public le trouvait toujours vide. Ce fameux contrôleur-général dépensait les revenus de la monarchie toute entière en frivolités, en dilapidations, en corruptions de tout genre.

Tandis que d'une main il empruntait 900 millions à gros intérêt et en pleine paix (quoique les contributions publiques portassent alors au trésor public 475 millions quittes de tous frais de perception et de régie), ce ministre, le plus funeste qu'ait eu la France, livrait les domaines territoriaux les plus précieux de la couronne à une famille de courtisans (1) avides, et ouvrait le trésor public au prince de Condé par des échanges frauduleux et par des donations imméritées (2).

Bientôt le goufre du *déficit* s'ouvre ; il menace d'engloutir à la fois la France trop confiante et le monarque trop aveugle, qui a

---

(1) La famille de Polignac.

(2) Le Clermontois, donné par Louis XIV au Grand-Condé, fut recédé au roi Louis XVI par l'intervention de M. de Calonne, qui donna au prince de Condé 12 millions une fois payés, et 600,000 livres de rente viagère.

laissé dissiper tous les trésors, dégrader toutes les âmes, avilir la puissance publique et déshonorer le trône (1).

La France n'était plus qu'un vaste champ d'oppressions individuelles et d'abus publics. Les passions ministérielles avaient rempli toutes les bastilles et vidé toutes les caisses.

Un système mal conçu et artificieusement organisé avait préparé, sous le nom d'*administrations provinciales*, une aristocratie nouvelle, jointe aux anciennes. La suppression inévitable des anciens États des provinces venait d'ouvrir une libre carrière à l'insolent et dispendieux despotisme de la cour et des ministres ; mais les emprunts n'étaient plus remplis. En vain le monarque tendait aux provinces épuisées une main indigente ; le crédit public était mort ; il n'y avait de vivant que l'opinion publique, indignée contre une cour dévorante, luxueuse et avilie.

Une première assemblée de *notables* fut le manteau dont le ministère espéra de couvrir ses dilapidations excessives, sa pénurie réelle, les emprunts passés et les nouveaux impôts.

Mais ce fut en vain : quelques mutations de ministres, quelques discours préparés avec

______

(1) L'affaire du cardinal *Collier* et de la Reine.

art pour égarer les vues et la probité des *notables*, n'en imposèrent à personne. Les premiers notables, trop clair-voyans, furent renvoyés : leur présence importunait à Versailles ; mais leur retour dans les provinces y sema le mécontentement, la plainte, et le soupçon plus terrible que la plainte même.

Calonne est chassé par l'opinion publique ; mais il avait capté le Roi, et laissé auprès de lui le garde-des-sceaux, *Lamoignon*, dont l'amitié devait le garantir des poursuites du parlement (1).

Le successeur de Calonne paraît, et les espérances de bien public ne renaissent qu'un instant. De l'esprit naturel cachait en lui un génie étroit ; sous une élocution facile se cachait un caractère pusillanime, et des idées brillantes, mais trop vagues, trop ineptes en finances et en administration, ne purent suppléer à un plan vaste, à des lumières fortes, et à une saine expérience que les besoins de la monarchie en décadence réclamaient impérieusement.

_____

(1) Il proposa pour garde-des-sceaux M. de Lamoignon, homme détesté par le parlement de Paris, dont il avait, sous le ministère de Maupeou, au moment des liquidations des charges, trahi le malheur et les intérêts.

Lamoignon et *Brienne* ne surent que proposer au parlement des piéges, c'est-à-dire,
les mêmes impôts *territorial* et *indirect* que
Calonne avait voulu commander imprudem-
ment aux notables. Le parlement s'honora
par des résistances ; il ne fut grand que dans
l'exil, et s'anéantit bientôt devant la promesse
des États-Généraux, que, pour se venger,
le cardinal-ministre lança dans le public, avec
la *liberté de la presse*.

Monsieur et le *comte d'Artois* n'avaient
paru à la chambre des comptes et à la cour
des aides que comme deux impôts organisés:
la haine publique en fut la récompense, et se
réunit sur la tête de ces deux princes avec un
autre sentiment moins énergique, mais mille
fois plus accablant.

Des révolutions ridicules dans l'ordre judiciaire n'avaient servi qu'à soulever les esprits;
l'établissement de la *cour plénière* montra au
grand jour la faiblesse naturelle de Louis XVI,
l'impuissance des ministres, et l'immutabilité
des préjugés du *parlement*, qu'il fallut rappeler d'un exil glorieux par ses circonstances
apparentes, mais intéressé par ses causes
réelles.

Une seconde assemblée de *notables* est le
palliatif inventé par *Necker*, que la nécessité

du crédit public fait rappeler au ministère après le renvoi de *Lamoignon* et de *Brienne*.

Le premier acte de ce *ministre des finances* est de faire réitérer la promesse de la prochaine convocation des *États - Généraux*. Le second acte est de faire décider, par les *notables*, que *la base de la population sera la règle de la députation, et que les communes de France auraient une représentation égale aux deux ordres privilégiés.*

C'est en vain que les écrits des publicistes et des politiques se réunissent aux réclamations énergiques des États des provinces ; les parlemens prétendent faire reculer l'opinion publique et la nation jusqu'en 1614. Mais les *États-Généraux* sont convoqués au milieu des lumières du dix - huitième siècle et des besoins du trésor public. La dynastie, faible et dégénérée, qui n'a su régner que par le despotisme et la fiscalité, est mise à l'épreuve des révolutions, dont la faiblesse et l'ignorance du Roi, ainsi que l'imprudente avidité des ministres, viennent d'ouvrir la périlleuse et incommensurable carrière. Dès ce moment l'Europe a dû prévoir la chute des Bourbons.....

CHAPITRE

CHAPITRE II.

Conduite de Louis XVI, depuis 1789.

LE premier devoir d'un Roi est sans doute de régner, c'est-à-dire, d'avoir un caractère prononcé, une volonté éclairée de faire le bien, et les moyens énergiques d'être juste.

De ce devoir de régner par lui-même naît l'obligation de bien choisir les hommes à qui il confie l'autorité, et qu'il admet dans ses conseils. Le choix de bons administrateurs et la préférence donnée à des ministres vertueux sont deux fonctions essentielles du trône.

Être avare du trésor public, économiser le domaine de la nation, maintenir sa constitution politique et militaire, tenir surtout la foi jurée, sont les qualités essentielles d'un monarque.

Louis XVI n'en posséda aucune. Comment voulait-il régner? Il n'avait aucune de ces vertus énergiques qui commandent la victoire aux armées, la probité aux ministres et la confiance aux citoyens. Entouré de courtisans

vils, d'intrigans ambitieux, de conseils perfides, de princes efféminés, de politiques lâches, de ministres pervers, d'une cour cor-
rompue, et de militaires étrangers aux camps
et formés loin des armées, comment Louis XVI
aurait-il pu maintenir sa couronne au sein
des tempêtes politiques et des violations de ses
propres sermens ?

Les États-Généraux s'ouvrent. Le Roi et ses
ministres ne pensaient alors qu'aux moyens de
les dissoudre et de renvoyer les députés dans
leurs provinces, après leur avoir fait voter
les impôts nécessaires pour combler le déficit,
et pour assouvir la soif des richesses qui dévorait la cour.

Les deux ordres privilégiés mettent des obs-
tacles toujours plus forts à la réformation des
abus et à la régénération des lois. Le Roi
approuve à Marly les résistances avares du
clergé ; et les ministres encouragent les préjugés
intéressés d'une noblesse vaine et opiniâtre.

L'archevêque de Paris demande au Roi de
faire intervenir dans les débats des trois ordres
sa volonté absolue ; l'acte de despotisme orien-
tal, connu sous le nom de *séance royale*, est
déjà fixé au 23 juin, et un ordre de Louis XVI
fait fermer les portes de l'Assemblée aux députés du peuple français.

L'énergie du *serment du jeu de paume* ne fut cependant qu'un faible avertissement pour le monarque aveuglé par l'orgueil de ses frères et par l'insolence de ses ministres. Un homme qui se disait populaire, et que son absence de la séance royale fit croire un instant vertueux, M. Necker (1), prépare en secret et rédige lui-même les discours et les actes de ce *lit de justice ;* le trône légitime disparut alors aux yeux des bons citoyens, parce que Louis XVI voulut, dans ce *lit de justice*, faire rétrograder la nation jusqu'à cette époque où le Roi échangeait de lourds *subsides* contre d'humiliantes et inutiles *doléances*.

C'est à la voix d'un ministère chancelant, que des troupes nombreuses se rassemblent sous Paris et campent au champ de Mars ; l'Assemblée nationale s'en alarme : Louis XVI propose la translation perfide des *États-Généraux* à Noyon ou à Soissons. Bientôt après le prince de Lambesc frappe de son sabre un vieillard sans défense à la porte des Tuileries ; la foule accourt ; les citoyens s'arment, marchent contre la Bastille, la détruisent, et l'Assemblée nationale avertit le Roi de la prompte

---

(1) Il en fait lui-même l'aveu dans son *Histoire de la révolution*, publiée en l'an 5, en quatre volumes.

nécessité de renvoyer les troupes ; Louis XVI fait des réponses ambiguës et perfides ; l'Assemblée insiste pour le renvoi de l'armée, elle insiste encore en lui présentant le tableau des malheurs qu'éprouve Paris. L'Assemblée ne triomphe que par son courage obstiné, des fausses promesses du Roi, des conseils perfides des ministres ; et le comte d'Artois *s'évade* vers la frontière, pour éviter les suites de l'indignation du peuple, qui cette fois surpassa son mépris.

Une nuit, célèbre par mille sacrifices généreux faits sur l'autel de la patrie, abolit les vestiges *grotesques* de la féodalité, les dîmes inféodées et cléricales, la vénalité des charges de justice, et prépare l'égalité des impôts sur toutes les propriétés territoriales. La cour s'irrite, le clergé intrigue, la noblesse menace, les ministres conspirent, et Louis XVI espère trouver bientôt dans la fuite le moyen d'éluder tant de réformes salutaires. La nation applaudit aux travaux de ses représentans, et les bases d'une constitution politique sont posées.

Travaux stériles ! Louis XVI sait que l'Assemblée nationale va présenter à son acceptation les premiers articles constitutionnels ; il refuse son adhésion, et se prépare à partir de Versailles. Il doit se rendre à Metz : pendant sa fuite , il doit faire dissoudre l'Assemblée constituante , et faire arrêter soixante-trois députés les plus énergiques , pour être frappés arbitrairement au milieu d'une garnison dévouée au tyran.

Le succès ne couronna point cette perfidie. Déjà le 1er. octobre , les gardes-du-corps ont décelé leurs funestes projets par une conduite aussi odieuse qu'imprudente , au milieu d'une fête donnée par eux aux officiers des troupes de ligne : la cocarde nationale , foulée aux pieds , prouva ce que depuis long-tems on méditait sourdement à la cour. Les *journées d'octobre* (dont il ne faut en ce moment ni présenter les terribles détails , ni sonder les causes criminelles et ambitieuses) présentent un résultat utile à la nation, c'est de prévenir la désertion de Louis XVI, et de l'amener à Paris comme otage des lois constitutionnelles demandées par la France entière.

En 1790 , les intrigues et l'argent des ministres suscitent et soldent des troubles dans plusieurs provinces : la suppression des droits féodaux en est le prétexte apparent ; le rétablissement de l'autorité royale , dans son ancienne latitude, en est le véritable motif.

Louis XVI, toujours hypocrite, se rend à l'Assemblée nationale, et, dans un discours artificieux, parle de son amour invariable pour la nation, et prend de nouveau l'engagement d'*aimer*, de *maintenir* et de *défendre* la constitution. « *Je maintiendrai, je défendrai*, s'écrie-t-il, *la liberté constitutionnelle dont le vœu général, d'accord avec le mien, a consacré les principes..... Ne professons tous, à compter de ce jour, je vous en donne l'exemple, qu'une seule opinion, qu'un seul intérêt, qu'une seule volonté, l'attachement à la constitution nouvelle, et le desir ardent de la paix et du bonheur de la France.* »

Telle fut l'origine de ce *serment civique*, dont on a dans la suite tant abusé, et dont la perfidie qui le produisit, devait naturellement amener des effets si funestes. A peine Louis XVI avait-il envoyé pompeusement son *serment civique* à l'Assemblée nationale, que les troubles éclatent de nouveau à Montauban, sous prétexte de religion. Les amis de la constitution sont massacrés sous couleur de *protestantisme*.

Une grande époque va s'ouvrir, celle de la *fédération* des Français réunis sous une même loi. Toute la France, unanime dans ses espérances comme dans ses acclamations, jura de maintenir le pacte social et la monarchie constitutionnelle. Le Roi seul dut sans doute jurer dans son âme de violer ce sermcnt solennel, et de revenir au despotisme qui lui avait été légué par Louis XI, Louis XIV et Louis XV : sa conduite va le démontrer.

Quelques régimens s'insurgent à Nancy : leur opposer le zèle de la garde nationale est un moyen qui paraît à Louis XVI, et à ses ministres, propre à allumer la guerre civile, dont ils espèrent propager ainsi le feu pour arriver forcément à une plus grande extension de l'autorité royale. Bouillé affecte une popularité hypocrite (1), et le sang français coule à longs flots dans Nancy effrayé de tant de violences.

Le Roi s'empresse d'annoncer bientôt à l'Assemblée les événemens malheureux de Nancy, et affecte de répondre aux plaintes qui s'élevaient de toutes parts, de ce que Bouillé n'a pu rétablir l'ordre à Nancy sans *effusion de sang*. Les hommes clair-voyans ne virent dans toutes ces sanguinaires manœuvres, qu'un exécrable *essai* fait par la

---

(1) *Voyez* la lettre du Roi à M. de Bouillé, le 5 novembre 1790. — *Moniteur*, n°. 330, 25 novembre 1790.

cour et par M. de Bouillé pour allumer la guerre civile.

A peine l'Assemblée nationale était parvenue, par ses travaux, à éclairer les peuples sur les dangers des dissentions intestines, ouvrage des ministres, qu'un nouvel orage se forme; il sort du palais même du Roi. Des nobles féodaux, qui n'avaient pu reprendre leur suprématie de village par le moyen des troubles intérieurs, veulent *émanciper leur Roi;* ils se rendent aux Tuileries en armes, mais en *armes cachées.* La garde nationale s'apperçoit de ce complot tramé chez Louis XVI, et *les chevaliers du poignard* sont bientôt démasqués et réduits à une honteuse impuissance.

L'Assemblée venait de décréter que le *prince de Condé* serait sommé, par le Roi, de rentrer en France sous quinze jours. Louis XVI, qui, en protestant sans cesse de son attachement à la constitution, ne s'occupait constamment que des moyens de se retirer dans une place forte, pour ensuite commander en tyran et reprendre le pouvoir absolu, choisissait hypocritement un commissaire pour aller notifier le décret au prince de Condé.

La France touchait enfin au terme des travaux de ses représentans; et Louis XVI, avec

une grande apparence de bonne foi, sanction-
nait chaque jour les décrets de la nouvelle
organisation politique, tandis qu'il préparait
secrétement sa fuite de Paris et son établissement militaire à Montmédi. Les soldats de
Bouillé l'attendaient sur la route des places
frontières; mais ce crime de *lèze-nation* échoua
dans *Varennes* : Louis XVI fut ramené à Paris.
Le peuple seul fut grand et généreux : le Roi se
couvrit de honte. L'Assemblée nationale voulut s'honorer par une modération intempestive
et par une indulgence funeste. Les ministres
de Louis XVI et quelques intrigans en crédit
populaire trompèrent de nouveau la nation.
Un Roi couvert de honte publiquement, et
gros de perfidies secrètes, est remis sur le
trône qu'il a déserté, et la nation confiante
et abusée croit encore à ses sermens.

Le 13 septembre, le Roi écrit à l'Assemblée constituante, qu'il accepte les lois constitutionnelles : le lendemain il se rend dans le
sein de l'Assemblée pour signer la constitution. Il jure de la maintenir, et affecte de ne
vouloir pas profiter de la faculté qu'un décret
lui avait donnée de se retirer où il voudrait,
pour l'accepter plus librement.

Le 18 septembre est le jour solennel où le
Roi jure de nouveau de maintenir la consti-

tution au milieu d'une fête brillante dans laquelle la joie universelle éclate, et s'augmente encore de la part que le Roi paraissait y prendre.

La constitution est proclamée. Louis XVI, devenu Roi constitutionnel, n'a pas encore assez abusé de la crédulité des Français : il demande que les portes du temple du Seigneur s'ouvrent pour y jurer fidélité à toute la nation et à la loi. Nouvel outrage à la religion et à la foi publique ! L'autel de l'église Notre-Dame est paré avec magnificence : le peuple l'entoure de ses bénédictions et de ses vœux. Mais le ciel ne fut témoin que d'un horrible parjure, d'où devait sortir bientôt une *nouvelle Saint-Barthélemy* contre les amis de la France librement constituée.

Ce fut un étrange spectacle pour l'observateur, de voir un Roi sans cesse perfide envers le peuple qui lui prodiguait sans cesse sa confiance, protestant un jour de son attachement à la constitution, et s'occupant le lendemain des moyens de la renverser ; allant se jeter avec une cordialité apparente dans les bras de la représentation nationale, et méditant dans son cœur un départ clandestin et le rétablissement de l'ancien despotisme.

C'est sous de tels auspices que l'*Assemblée*

constituante eut l'imprudente générosité de se dissoudre, de déclarer que *sa mission était remplie*, d'abandonner une constitution naissante à la puissance d'un Roi qui l'abhorrait, et aux débats d'une Assemblée législative qui ne tarda point à innover et à se diviser.

Le premier acte du Roi constitutionnel a été d'écrire aux *princes ses frères* pour les rappeler en France. Bientôt après l'Assemblée décrète, et le Roi fait une proclamation pour requérir *Louis-Stanislas-Xavier, prince français, de rentrer dans l'intérieur du royaume.*

Quel jeu indécent Louis XVI fait de la législation même ! Il rappelle ostensiblement ses frères de l'émigration, et il refuse, le 12 septembre 1791, de sanctionner le décret du 9, contre les *émigrans* que ses frères avaient appelés.

Cependant l'opinion publique se déclare fortement contre ces enfans dénaturés qui déchirent le sein de leur patrie, et contre le *veto* du Roi au décret du 9. — Pour pallier les vrais motifs de ce *veto* impolitique, Louis XVI fait le même jour une proclamation contre les émigrans. — « *Le Roi*, porte cette proclamation hypocrite, *plaçant encore son espérance dans les mesures de persuasion et de douceur, vient de refuser sa sanction au décret de l'Assemblée législative, dont plusieurs articles rigoureux lui ont paru contrarier le but que la loi devait se proposer. — Il déclare donc à tous ceux qu'un esprit d'opposition pourrait entraîner, rassembler ou retenir hors des limites du royaume, qu'il voit avec douleur et avec un profond mécontentement, une conduite qui trouble la tranquillité publique, et qui paraît avoir pour but d'attaquer les lois qu'il a consacrées par son acceptation solennelle. »* — Il a notifié ses intentions aux princes ses frères ; il en a donné connaissance aux puissances sur le territoire desquelles se sont formés des rassemblemens de Français émigrés. Il espère que ses instances auront auprès de vous le succès qu'il a droit d'en attendre.....

Quel étrange et dérisoire exercice du pouvoir exécutif, que celui de rejeter les mesures efficaces d'une loi juste, et d'y substituer des mesures stériles de persuasion et de rappel !

Aussi, quelle fut la réponse des *princes français* et des *émigrés* qui les avaient suivis ? Ce fut d'organiser tous les préparatifs de la guerre contre la France, d'exciter les puissances étrangères à les seconder de tous leurs moyens. Les Électeurs de l'Empire, aux portes

de la France, reçoivent et réunissent les trans-
fuges, et forment, pour l'armée des rebelles,
des magasins et des arsenaux. Les princes
français répondirent pour la forme, *que l'or-*
dre de rentrer en France n'était pas l'ex-
pression libre de la volonté du Roi, et que
l'honneur et le devoir leur défendaient éga-
lement d'y obéir (1).

A cette époque il se répandit au dehors de
la France un bruit général sur une nouvelle
évasion du Roi (2); chaque proclamation ou
lettre émanée du Roi n'était que le masque
d'une conspiration nouvelle.

Le 31 décembre le Roi écrit en ces termes
à l'Assemblée législative : « Si la déclaration
» que j'ai faite à l'Empereur de Vienne, pour
» la conservation de la paix, ne produit pas
» l'effet que je dois en attendre ; si la destinée
» de la France est d'avoir à *combattre ses*
» *enfans et ses alliés*, je ferai connaître à
» l'Europe la justice de notre cause ; le peuple
» français se soutiendra par son courage, et
» la nation française verra que je n'ai point
» d'autres intérêts que les siens, et que je
» regarderai toujours le maintien de sa dignité

-----

(1) *Moniteur*, 6 décembre 1791.
(2) *Moniteur*, 13 décembre 1791.

» et de sa sûreté comme le plus essentiel de
» mes devoirs. »

Tandis que le Roi écrivait ainsi, et qu'il menaçait l'Électeur de Coblentz d'employer la force des armes pour le contraindre à dissiper les rassemblemens d'émigrés qui existaient dans ses États, les gardes-du-corps, tous émigrés, étaient payés sur les fonds d'un trésor qui était à Paris, et dont l'armoire de fer nous a dévoilé et présenté Louis XVI comme le véritable dépositaire.

Le parti ennemi de la constitution ne cessait d'organiser, de concert avec la cour, tous les moyens d'évasion ou d'enlévement du Roi, qui semblait ainsi n'être autre chose que la propriété mobilière du parti aristocratique.

Un nouveau complot était formé pour s'emparer de Metz, éloigner la garnison, et enlever Louis XVI du château des Tuileries. Des gardes-du-corps, choisis parmi les plus intrépides et les plus capables de tout oser, étaient en résidence à Paris pour cet objet (1). L'opinion publique ne savait comment concilier ces projets d'évasion ou d'enlévement avec les protestations éternelles du Roi en faveur de la constitution et de la sûreté natio-

____

(1) *Moniteur*, 17 janvier 1792.

nale. Le Roi, toujours perfide, écrit de sa propre main à la commune de Paris le 14 février 1792, pour démentir les bruits de son prochain départ.

Quinze jours après on répand, avec impunité dans Paris, un *manifeste des émigrés,* tendant à justifier leur cause et à faire envisager le Roi comme *captif ;* système de non-liberté avec lequel on faisait sans cesse de Louis XVI un Roi-machine, et sous lequel le monarque cachait la profonde perfidie qui devait se développer et éclater comme la foudre dans le cours de l'année qui commençait (1792).

Les trahisons du pouvoir exécutif se dévoilent ; le ministre des affaires étrangères, *Delessart,* successeur de Montmorin, est décreté d'accusation, et envoyé à la haute-cour nationale.

Cinq jours après, le Roi dit à la garde nationale, au moment de l'installation de sa nouvelle garde : « En me voyant de plus près,
» vous avez mieux connu mes intentions et
» mon amour constant pour le bonheur du
» peuple ; je vous charge de faire connaître
» à vos concitoyens mes vrais sentimens, et
» de repousser, dans toutes les occasions, les
» bruits injurieux que des méchans répandent

» contre moi et ma famille , pour exciter l'in-
» quiétude et troubler la tranquillité. »

Et s'adressant à sa garde militaire , le Roi dit : « Vous venez de prêter le serment que » la constitution prescrit ; songez toujours » qu'elle doit être le point de ralliement au- » près de moi , et que votre attachement à la » nation et votre respect pour la loi sont les » plus sûrs garans que vous pouvez me donner » de votre dévoûment pour mon service. »

Il ne manquait à tous ces discours royaux que la franchise et la vérité. Tandis que Louis XVI parlait ainsi en public, il écrivait secrétement au dehors aux ennemis acharnés de la France, pour se rallier à eux de cœur, d'âme et de fortune (1).

Mais en marchant sourdement à la destruc- tion de la constitution , il fallait se masquer constamment de popularité. Louis XVI ap- pelle au ministère deux hommes connus par leur patriotisme , *Rolland* et *Clavière* , et bientôt après il dénonce à l'*Assemblée légis- lative* un traité conclu, le 3 février 1792 , entre les *princes français* et le *prince de Hohenlohe.*

La déclaration de guerre au Roi de Bohême et de Hongrie est décrétée. Les journées de

___

(1) L'*armoire de fer* a tout révélé

Tournay

Tournay et de Mons ouvrent les hostilités ; la prise des gorges et de la ville de Porentruy suit de près ces tristes journées. Le régiment de Royal - Allemand cavalerie, qui déserte, ainsi que le quatrième régiment de hussards, ci-devant Saxe, annonce hautement les manœuvres pratiquées dans l'armée, au profit de l'ancien despotisme. Dans ces circonstances désastreuses, Louis XVI ne fait usage du pouvoir exécutif que pour faire dénoncer à l'accusateur public les *journalistes* qui parlent de l'existence d'un *comité autrichien*.

Cependant rien n'était plus certain que l'existence funeste de ce comité conspirateur au sein de la France (1) : elle est dénoncée à l'Assemblée nationale par les députés *Brissot* et *Gensonné*. La nation frémit d'indignation en se voyant ainsi trompée par celui-là même qu'elle a préposé pour veiller à sa sûreté. Le Roi est bientôt forcé, par l'opinion et par un décret, de renvoyer sa nouvelle *maison militaire*, que toute sa conduite faisait regarder comme l'ennemie de la nation qui la

---

(1) C'est de ce comité que parlait Dumouriez lorsqu'étant ministre en 1792, il disait à ses amis : *Que voulez-vous faire ? La Reine détruit la nuit ce que nous avons fait le jour avec le Roi*.....

soldait , et comme le noyau des mécontens armés , qui s'organisait de tous côtes par les intrigues de quelques ministres et de la cour. Le conseil - général de la commune de Paris se déclare en permanence , et les événemens se pressent en foule pour dévoiler les manœuvres d'un trône conspirateur.

D'après les rapports et les motions de l'Assemblée législative , la nation se voit placée entre la faction d'*Orléans et le comité autrichien*. Tous deux s'agitent machiavéliquement dans Paris , en sens inverse , mais pour la perte des droits nationaux et pour des ambitions oppressives.

Pendant que les intrigues et les divisions des *Bourbons* et des *d'Orléans* agitaient l'extérieur , le ministre de la guerre proposait , sans avoir consulté le Roi , un camp de vingt mille hommes près Paris ; l'Assemblée venait de le décréter , lorsque la mort de *Gouvion* sur le champ de bataille à Maubeuge , éveille la nation sur les grands dangers que l'Autriche lui prépare.

Mais Louis XVI, qui venait cependant de changer de ministres , appose son veto sur les décrets des *prêtres et du camp près Paris.* Ce refus de sanction agite de nouveau les esprits , et les éclaire sur les intelligences de la cour avec les puissances étrangères. L'avilissement du chef du pouvoir exécutif est la suite de ces craintes propagées avec la rapidité de l'éclair dans une ville immense, et que les entreprises d'une coalition déjà préparée à Pilnitz ne pouvaient qu'exagérer dans ces momens critiques.

Qui ne connaît les outrageantes et ridicules scènes du 20 juin, et l'entêtement de Louis XVI, et sa lettre à l'Assemblée, et le discours provocateur tenu à la barre de l'Assemblée par un général fameux, et la pétition des vingt mille, et la fermeture du jardin des Tuileries, et le cordon placé sur la terrasse des Feuillans pour séparer le territoire royal de celui de la nation ; image funeste et prophétique des événemens du mois d'août !

N'importe, l'hypocrisie de Louis XVI est immuable. Tandis que l'Assemblée législative, pour arracher les administrations de départemens à l'influence royale et à la corruption des ministres, ordonne la publicité des séances, et prépare les mesures *pour déclarer la patrie en danger*, le Roi lui écrit pour lui exprimer le vif desir de se trouver avec elle à la fête de la *fédération*, et d'y recevoir le serment des Français qui se réunissent volontairement à leurs frères de Paris.

Ce desir d'assister à la fédération au champ de Mars est bientôt suivi d'un message du Roi pour faire part à l'Assemblée des intentions hostiles du *Roi de Prusse* contre la France, et pour l'inviter à prendre les mesures convenables.

L'Assemblée nationale prononce d'enthousiasme le serment de ne souffrir aucune altération à la constitution; et le Roi s'empresse de se rendre avec tous ses ministres au sein de l'Assemblée législative, pour y exprimer son attendrissement de voir l'union s'établir entre les deux premières autorités pour la défense de la constitution. Pendant que ces témoignages trompeurs d'une fausse satisfaction éclataient, le Roi méditait avec ses nouveaux ministres, avec son intendant *Laporte* et quelques autres conseillers aussi dangereux, les moyens de renverser la constitution et l'Assemblée par la force des intrigues et des armes. Voyez ici quelle perfidie préside à toutes les actions du Roi : le même jour que l'Assemblée déclare *la patrie en danger*, le Roi a prononcé la suspension du maire de Paris. Le 13 juillet, l'Assemblée lève cette suspension par un décret, et le 14 le Roi va assister à une *fédération* que, dans son cœur, il regarde à la fois comme coupable et comme inutile, d'après les intelligences secrètes qu'il entretient dans les divers cabinets de l'Europe.

Quatre jours après le Roi fait communiquer à l'Assemblée une note diplomatique, remise par son ministre *Chauvelin* en Angleterre, à lord *Grenville*, pour que Sa Majesté britannique *interpose ses bons offices afin de dissoudre la coalition formée contre la France;* coalition impie que l'Angleterre seule avait formée et déshonorée d'avance par ses subsides.

On devait prévoir la réponse du ministre anglais : « Les sentimens qui ont déterminé » Sa Majesté britannique , répond lord Grenville, à ne pas s'immiscer dans les affaires » intérieures de la France, doivent également » le porter à respecter les droits et l'indé- » pendance des autres souverains, et surtout » ceux de ses alliés ; et Sa Majesté a cru » que, dans les circonstances actuelles *de la » guerre déjà commencée*, l'intervention de » ses conseils ou de ses bons offices ne pour- » rait être utile, à moins que d'être desirée » par toutes les parties. »

Ce n'était là que le jeu ordinaire de la politique anglaise; mais la cour de Louis XVI n'avait pas plus de franchise que celle de Georges III, et l'opinion publique réprouvait depuis long-tems la conduite du monarque français. Bientôt les sections de Paris se déclarent en permanence : un membre de l'Assemblée législative demande *la déchéance du Roi*, et il est décrété qu'une commission extraordinaire examinera, 1°. quels sont les actes qui peuvent faire encourir la déchéance; 2°. si le Roi s'en est rendu coupable ; 3°. qu'il sera fait une adresse au peuple pour le prémunir contre les mesures impolitiques et inconstitutionnelles qu'on pourrait lui suggérer.

Nous touchons à une grande époque : la chute de la dynastie des Bourbons est inévitable ; tous les orages de quatre années de révolution semblent s'être agglomérés sur une seule journée, comme toutes les manœuvres et toutes les perfidies de Louis XVI semblent aussi s'être réunies pour ne former qu'un seul tableau : le voici :

D'un côté, les bienfaits, la générosité et l'indulgence de la nation envers Louis XVI ; de l'autre, l'ingratitude et la fausseté de ce prince, retournant sourdement à l'ancien despotisme. — Une dynastie despotique et dévorante, où l'on compte un bon Roi sur trente tyrans. — Le despotisme s'accroissant, de règne en règne, avec le fisc et la misère publique. — Les finances entiérement épuisées par Louis XVI et par ses deux prédécesseurs. — Des traités infâmes perdant l'honneur national, et des traités de commerce anéantissant notre industrie. — Les éternels ennemis de la France devenant ses alliés et ses maîtres. — Le despote d'une terre esclave devenu, par la générosité imprudente de la nation, le *Roi des Français libres*. — Après avoir tenté de fuir la France pour régner sur Coblentz, il est replacé sur le trône pour tromper de nouveau la nation. — Une maison militaire, créée pour la splendeur de son trône, est tournée contre le peuple qui la solde de ses sueurs ; dissoute en apparence, elle existe toujours, soudoyée par Louis XVI, pour semer le trouble et mûrir la guerre civile. — Une foule d'administrations stupides ou coupables forment une sorte de chambre-haute éparse dans les départemens de la France. — Des armées ennemies, appelées par les frères du Roi, menacent notre territoire ; deux puissances coalisées publient contre la France des manifestes aussi insolens qu'absurdes. — L'ennemi, sur nos frontières, oppose à nos guerriers de mercenaires destructeurs. — Les promesses flatteuses d'un de nos ministres ont fait déclarer la guerre, et nous la commençons sans armes et dénués de tout moyen défensif par suite des complots qui ont spolié d'avance nos arsenaux et nos magasins. — En vain la Belgique nous appelle : des ordres pervers ont enchaîné l'ardeur de nos soldats. Nos premiers pas dans ces belles contrées sont marqués par des incendies, pour nous faire haïr. — Le chef du pouvoir exécutif est le premier anneau de la chaîne contre-révolutionnaire. — Il paraît participer aux *complots de Pilnitz*, qu'il a fait connaître trop tard..... Il a séparé son nom et ses intérêts de ceux de la nation. — Loin de s'être opposé, par aucun acte formel, aux ennemis du dehors et de l'intérieur, sa conduite est un acte constant de désobéissance à la constitution , et de trahison envers le peuple français. — Un tel monarque, une telle dynastie, ne peuvent plus reprendre la confiance d'une nation trop long-tems abusée.

LE 10 AOUT, le même soleil éclaira la dernière perfidie de Louis XVI et sa chute du trône. Espérant jouer le rôle de vainqueur, il se rend à l'Assemblée où il est arrêté comme vaincu. En vain son parti au désespoir, foudroyé dans les Tuileries, vient chercher des meurtres et une dernière victoire jusque dans l'enceinte du Corps législatif ; il est repoussé, et la nation triomphe.

Si Louis XVI fût tombé dans *cette guerre civile de quelques heures*, les Français auraient évité des révolutions malheureuses et des secousses terribles ; mais c'était la destinée de ce mauvais prince, de faire naître autant de divisions et d'inimitiés par son jugement et par son supplice, qu'il avait produit de calamités et de trahisons par la faiblesse habituelle de son caractère, et par son hypocrisie constitutionnelle.

CHAPITRE III.

Conduite de Monsieur et de M. d'Artois, depuis 1789.

LES princes que la loi de l'État place à côté du trône, sont naturellement portés à montrer des idées libérales et des vertus. Ils sont comme des espérances de bien public, que la politique, bien plus souvent que la nature, présente aux nations ; et dans l'intérêt des gouvernemens, l'espérance est le domaine le plus fécond.

Il faut, surtout à des nations sensibles et vives, des hommes ou des événemens qui frappent, qui électrisent l'imagination publique, ou par un bonheur réel, ou par les illusions de l'avenir. Les deux frères de Louis XVI ne possédèrent aucune de ces qualités solides qui fondent le bonheur général, ni aucune de ces vertus privées qui nourrissent l'espoir des peuples.

MONSIEUR, doué d'un esprit éclairé, mais pusillanime et timide, peu communicatif par orgueil, hypocrite par habitude, inaccoutumé aux affaires de même qu'aux combats, aussi étranger dans une armée que dans un conseil, ne s'occupait que de suivre le fil de quelques intrigues de cour qu'il ne pouvait diriger, et d'épier quelques occasions d'obtenir une influence qu'il était incapable de conserver long-tems.

M. D'ARTOIS, doué d'un esprit léger et insouciant, plus propre à la galanterie qu'aux affaires, plus occupé de ses dépenses personnelles que des intérêts de la France, dévorait son apanage et dilapidait nos finances avec la prodigalité hautaine et inattentive d'un prince débauché.

Voilà les deux appuis du trône sur lequel dormait Louis XVI; voilà les deux princes qui se déclarèrent en même tems les organes du génie fiscal, et qui ne s'étaient présentés à l'opinion publique que pour faire enregistrer d'autorité deux impôts onéreux, l'un par la chambre des comptes, l'autre par la cour des aides. C'est ainsi qu'ils préludèrent à la déclaration de l'énorme *déficit*, et au mépris qui dès-lors ne cessa plus de les poursuivre au milieu *des assemblées des notables* et des *révolutions de palais*, que des ministres entêtés, faibles et ignorans organisèrent avec une imprudence coupable.

Le parlement de Paris profère le nom d'*États-Généraux*, et demande leur convocation : l'opinion publique accueille cette demande avec empressement, et dès-lors *les deux princes* espérèrent jouer un grand rôle aux dépens de Louis XVI qu'ils méprisaient, et de la Reine qu'ils haïssaient également.

La seconde assemblée des notables délibère sur la double représentation du tiers-état, dans la convocation prochaine des États-Généraux. Quel parti prennent les deux princes ? *M. d'Artois,* en haine des droits du peuple, entraîne son bureau unanimement à voter pour l'ancienne forme de 1614. *Monsieur* et son bureau abandonnent tout à coup les intérêts et les préjugés de la noblesse ; et, stimulé par une femme à qui le ministre des finances avait communiqué, sur cette importante question, *quelques argumens irrésistibles,* il se prononce en faveur de la double représentation (1), espérant ainsi se *populariser.*

Les États-Généraux étant transformés en

____

(1) Il y eut treize voix contre douze, et encore M. de Monboissier, qui a été compté comme le treizième de ce vote, criait comme un sourd, qu'il n'avait pas entendu la question.

Assemblée nationale , *Monsieur* et *M. d'Ar-tois* accompagnent Louis XVI à cette fameuse *séance royale* , qui ne servit qu'à avilir le pouvoir du trône. A peine les *communes* ont-elles opposé une juste résistance à cet acte de despotisme , que M. d'Artois conseille hautement au Roi de faire *sabrer* par les gardes-du-corps tous les députés qui étaient demeurés dans la salle des séances. Louis XVI , en donnant brusquement (1) l'ordre de revenir au palais, fut aussi prudent que M. d'Artois était atroce.

Le 11 juillet , *M. d'Artois* crut se venger des communes en faisant renvoyer du ministère M. Necker ; mais alors l'opinion était favorable à ce ministre , et les événemens de la *prise de la Bastille* annoncèrent à M. d'Artois ce qu'il avait à redouter de l'indignation générale. Il trouva prudent de fuir vers les frontières , et de délivrer les Français de son odieuse présence.

Monsieur, plus cauteleux et plus réfléchi , attendit des circonstances plus favorables à son ambition secrète de dominer. Lorsque les

---

(1) *Allez-y vous - même* , dit le Roi en jurant ; et M. d'Artois se hâta de remonter dans son carrosse et de fuir au château.

événemens des 5 et 6 octobre le ramènent à Paris, il médite au Luxembourg les moyens de renverser l'Assemblée nationale. Il feint d'avoir besoin d'un emprunt de *deux millions* pour payer ses dettes : *M. de Favras* est l'agent de cet emprunt, base d'une conspiration ourdie par le prince. Bientôt les intrigues de *Favras* et l'emprunt qu'il faisait pour *Monsieur* sont découverts. Favras et sa femme sont arrêtés et traduits au Châtelet ; mais l'opinion générale n'accusa que *Monsieur*, comme chef de cet emprunt et du complot dont il devait payer les agens.

Quelle conduite opposera le premier prince du sang ? De quelle loyauté viendra-t-il donner l'exemple, si cet emprunt n'a que des motifs excusables ou légitimes ? Il se rend à la commune de Paris le samedi 26 septembre 1789 (1), et parle en ces termes :

« *En qualité de* CITOYEN *de la ville de Paris, j'ai cru devoir venir vous instruire moi-même des seuls rapports pour lesquels je connais M. de Favras. Accusé d'avoir voulu soulever trente mille hommes contre l'Assemblée, et d'avoir voulu couper les vivres à la ville de Paris, vous n'attendrez pas de moi sans doute que je m'abaisse jusqu'à me justifier d'un crime aussi bas ; mais dans un tems où les calomnies les plus absurdes peuvent faire aisément confondre les meilleurs* Citoyens *avec les ennemis de la révolution, j'ai cru devoir au Roi, à vous et à moi-même, d'entrer dans tous les détails, afin que l'opinion publique ne puisse rester un seul instant incertaine..... Quant à mes opinions personnelles, j'en parlerai avec confiance à mes concitoyens. Depuis le jour où, dans la deuxième assemblée des notables, je me déclarai sur la question fondamentale qui divisait encore les esprits,* JE N'AI PAS CESSÉ DE CROIRE QU'UNE GRANDE RÉVOLUTION ÉTAIT PRÊTE ; *que le Roi, par ses intentions, par ses vertus et son rang suprême, devait en être le chef, puisqu'elle ne pouvait pas être avantageuse à la nation sans l'être également au monarque ; enfin, que l'autorité royale devait être le rempart de la liberté nationale, et la liberté nationale le rempart de l'autorité royale..... Je n'ai jamais changé de sentimens ni de principes, et* JE N'EN CHANGERAI JAMAIS. »

Tout ce beau discours d'un *prince révolutionnaire* était sans doute analogue aux fâcheuses circonstances dans lesquelles il se trouvait, comme auteur d'une conspiration réelle contre les députés du peuple français ;

mais que penser d'un prince qui s'abaisse au mensonge et à l'hypocrisie, pour perdre ce misérable Favras qui s'était dévoué pour lui (1)? Tel est le caractère de *Monsieur*. Combien d'hommes n'a-t-il pas immolé, depuis cette époque, à sa sûreté, à son orgueil, à ses complots !

Favras est convaincu et condamné : lui seul fut généreux. Il garda son secret, et sauva *Monsieur*, qui, à onze heures et demie du soir, témoigna au Luxembourg de quel poids son âme avait été soulagée lorsqu'on était venu lui apprendre que M. de Favras n'avait point parlé, qu'il n'existait plus, et que le

––––––––––

(1) Combien il fut heureux pour ce *prince conspirateur*, qu'à cette époque du 26 décembre 1789, il ne se trouvât point à la commune de Paris, aucun homme instruit des principes sur *les droits des apanages* et sur les devoirs des *princes apanagistes* ! Combien *Monsieur* aurait été embarrassé, même dévoilé, si on lui avait demandé à la commune pourquoi un prince apanagiste empruntait à des banquiers de Paris *deux millions* avec des formes aussi insolites et aussi secrètes ! si on lui avait demandé où était la décision de son conseil, où étaient l'avis et le registre de son chancelier, de son surintendant et de son trésorier, pour prouver que l'emprunt était fait dans le dessein de payer des dettes certaines et constatées de sa Maison !

curé

curé de Saint-Paul était le seul individu à qui
cette malheureuse victime des complots du
prince eût parlé en secret et sous le sceau de
la religion:

Monsieur, échappé aux poursuites de cette
affaire d'État, cherche à se saisir de l'autorité
par des moyens moins dangereux. Il intrigue,
en 1790, auprès du roi d'une manière si puissante, qu'il obtient de sa faiblesse les fonctions de *ministre principal*, ce qui, sous
Louis XVI, équivalait à une *régence;* mais
ce ministère principal fut de courte durée.
La Reine, qui, par les inspirations constantes
et ambitieuses de l'archiduchesse Christine,
détestait les *Bourbons*, et nourrissait depuis
long-tems l'ambition d'une *régence*, n'eut pas
de repos qu'elle n'eût fait destituer *Monsieur;* et ce *ministre principal* ne régna que
trois jours (1).

C'est lui, c'est ce régent éphémère qui em-
ploya son influence et sa corruption pour ra-
vir alors à la nation un de ses plus éloquens
défenseurs, et qui s'abaissa jusqu'aux vils

______

(1) Ce fait, ignoré de presque tous les contemporains,
est consigné avec détail dans une lettre originale écrite
de la propre main de *Monsieur*, et cette lettre est dépo-
sée dans des mains sûres.

D

moyens d'acheter le silence de ce grand génie, dont le poison ne tarda pas ensuite à
abréger les jours.

Une autre époque se présente; c'est celle
où le Roi déserte le trône au mépris de la
foi jurée aux représentans du peuple, et court
se ressaisir du despotisme de ses ancêtres, au
milieu d'une garnison confiée au digne chef
des massacres de Nancy. Tandis que *Bouillé*
attendait Louis XVI sur la route de Varennes,
Monsieur désertait aussi la France, et allait,
dans les pays étrangers, exciter les Rois à
appuyer de leurs armées le grand complot dès
long-tems médité contre les droits et la souveraineté de la nation.

Mais l'arrestation du Roi à Varennes (1)
laissa *le Roi* dans l'infamie, et *Monsieur*
dans l'émigration. Ce dernier fuyait par Na-
mur, vers Luxembourg, et croyait trouver
le Roi à Longwi. Il cherche en vain à obtenir du prince de Neuwied, qu'il fasse recevoir
le régiment de Berwick qui venait d'aban-

____

(1) Il était curieux de voir la joie indécente que M. l'é-
vêque d'Arras, M. de Calonne et M. de Vaudreuil té-
moignèrent en apprenant l'arrestation du Roi à Varennes, lorsqu'ils passèrent à Mayence dans la même voi-
ture où était M. d'Artois.

donner le service de France. Pendant que les émigrés s'aggloméraient à Coblentz et sur toutes les rives du Rhin, M. d'Artois envoyait à Berlin, en qualité d'agent public des princes français, le colonel baron de Roll, pour y négocier des secours et des hostilités contre la France. Bientôt après, ce baron de Roll vient annoncer à Pilnitz l'arrivée de M. d'Artois à Dresde, ainsi que son intention de venir sur le champ près de leurs Majestés impériale et prussienne; mais le peu de considération dont jouissaient les princes français, pour ne pas dire le mépris dans lequel ils étaient tombés, fit que M. d'Artois ne put aller ni à Berlin pour voir Frédéric-Guillaume, ni à Prague pour assister au couronnement de l'Empereur.

Mais le traité signé le 27 août 1791 à *Pilnitz* n'en exista pas moins dans les archives de l'Europe. Quoique les réclamations des princes français ne fussent que le prétexte de cette impolitique coalition, qui n'avait pour but que d'affaiblir et de partager la France comme la Pologne, *Monsieur* et *M. d'Artois* ne le regardèrent pas moins comme un triomphe. On se rappelle encore avec indignation cette lettre solennelle qu'ils écrivirent à

Louis XVI le 10 septembre 1791 , du château de Schœnburnshst près Coblentz (1).

 . « Nous nous empressons d'apprendre à
» Votre Majesté , que les puissances dont
» nous avons réclamé pour elle le secours ,
» sont déterminées à y employer leurs forces,
» et que l'Empereur et le Roi de Prusse vien-
» nent d'en contracter l'engagement mutuel.
» Le sage Léopold vient de signer cet enga-
» gement avec le digne successeur du grand
» Frédéric ; ils en ont remis l'original entre
» nos mains pour le faire parvenir à votre
» connaissance ; nous le ferons imprimer à
» la suite de cette lettre..... Les autres cours
» sont dans les mêmes dispositions que celles
» de Vienne et de Berlin. Les princes et États
» de l'Empire ont déjà protesté contre la
» France par des actes authentiques.—Vous
» ne sauriez douter , Sire , du vif intérêt que
» les Rois Bourbons prennent à votre situa-
» tion. Leurs Majestés catholique et sici-
» lienne en ont donné des témoignages non
» équivoques. Les généreux sentimens du Roi
» de Sardaigne notre beau-père ne peuvent
» être incertains. Vous avez droit de compter

____

(1) *Moniteur*, n°. 266 , 23 septembre 1791.

» sur ceux des Suisses. Jusque dans le fond
» du Nord, un Roi magnanime, le Roi de
» Suède, veut contribuer à rétablir votre au-
» torité, et l'immortelle Catherine ne laissera
» pas échapper la gloire de défendre la cause
» de tous les souverains. — Il n'est point
» a craindre que la nation britannique,
» trop généreuse pour contrarier ce
» qu'elle trouve juste, et trop éclairée
» pour ne pas desirer ce qui intéresse sa
» propre tranquillité (1), veuille s'op-
» poser aux vues de cette noble et irré-
» sistible confédération. »

. . . . . « Ne jugez pas le sentiment national
» d'après l'inaction de la France et son ap-
» parente indifférence lorsque vous fûtes ar-
» rêté à Varennes, et qu'une troupe de satel-
» lites vous reconduisit à Paris. L'effroi gla-
» çait alors tous les esprits, et faisait régner
» un morne silence..... Ne croyez donc pas
» aux exagérations des dangers par lesquels

____

(1) La destruction et la chute de la France, ainsi que
le partage de son propre territoire, fut toujours l'idée
dominante du cabinet de Saint-James. C'est le plan fa-
vori du gouvernement anglais pour assurer sa tranquillité et assouvir son ambition sur l'Europe toute
entière.

» on s'efforce de vous entraver..... *Tout*
» *Paris sait, tout Paris doit savoir que si*
» *une scélératesse fanatique ou soudoyée*
» *osait attenter à vos jours, des armées*
» *puissantes, chassant devant elles une mi-*
» *lice faible par indiscipline et découragée*
» *par les remords, viendraient au plus tôt*
» *fondre sur la ville impie qui aurait attiré*
» *sur elle la vengeance du ciel et l'indigna-*
» *tion de l'Univers. Aucun des coupables ne*
» *pourrait échapper alors aux plus rigou-*
» *reux des supplices.....* Qui pourrait être
» plus porté que nous à concevoir des alar-
» mes sur la situation *d'un frère tendrement*
» *chéri ?* Mais, au dire de vos plus témérai-
» res oppresseurs, le refus du *résumé consti-*
» *tutionnel* qui vous a été présenté par l'As-
» semblée le 3 de ce mois, ne vous exposait
» qu'au danger d'*être destitué par elle de*
» *la royauté.....* »

Et qu'importait à ces deux princes la déchéance de Louis XVI ? C'est tout ce qu'ils
ambitionnaient depuis long-tems, afin d'être
plus près du trône ; car s'ils eussent aimé leur
frère, auraient-ils appelé auprès d'eux, sur
l'autre rive du Rhin, les mécontens, les gardes-
du-corps, et toute cette tourbe de nobles
égarés, qui sont allés orgueilleusement men-

dier (1) des secours auprès des puissances qui ne leur prodiguèrent jamais que des mépris, et quelquefois une mort assurée dans des combats sans gloire?

Monsieur ne suivait en cela que son éternelle ambition de *régence,* comme *M. d'Artois* ne faisait qu'obéir aveuglément aux conseils perfides des *Conzié,* des *Vaudreuil* et des *Calonne,* de cet ex-ministre si funeste à la France, et qui, lorsqu'il fut exilé par Louis XVI dans sa terre près Douai, rompit son ban, et alla en Angleterre instruire M. Pitt de la détresse de nos finances, détresse dont il était le principal auteur.

Ainsi le cas de la mort de Louis XVI était déjà prévu par ses deux frères, qui travaillaient si efficacement à y parvenir. Tandis qu'ils faisaient, au nom de Louis XVI, des négociations auprès des cours étrangères ;

----

(1) Qui ne se sent indigné en lisant le trait d'un de ces malheureux gentilshommes qui avaient si légèrement lié leur sort à celui des princes français ? *Monsieur* était alors au château de Sey. Un émigré lui demanda un louis d'or pour pouvoir se rendre dans la ville voisine. *Ma foi,* dit-il avec un dédain barbare, *vous êtes assez grand, engagez-vous.* Est-ce par de telles réponses, par de telles récompenses que vous espériez porter les nobles à faire tant de sacrifices pour assurer votre succès ?

qu'ils se permettaient de faire des levées de forces militaires ; qu'ils ouvraient à Lorient un emprunt de huit millions (1) au nom du Roi et sous l'hypothèque des receveurs du royaume, pour subvenir aux frais de la guerre contre la liberté de la France, et qu'ils engageaient Louis XVI à payer les frais de sa maison militaire émigrée, il se répandait des bruits d'un partage réglé entre *Monsieur* et le *comte d'Artois* en cas de la mort du Roi. La France ne consistait plus alors, selon les princes, dans le territoire français ; la France était toute entière dans l'État extérieur, à *Coblentz*, à *Cologne*, à *Tréves*, à *Worms*, à *Liége* ; ils croyaient que la France était toute où étaient les deux princes et leurs illustres conseillers.

C'est en vain que les décrets de l'Assemblée législative et les lettres de Louis XVI rappellent ostensiblement les deux princes à Paris ; ils ne font qu'augmenter de plus fort les préparatifs hostiles. Ils achètent des hommes en Allemagne, enrégimentent leurs émigrés pour

____

(1) *Voyez* les pièces authentiques, communiquées à l'Assemblée législative par M. de Chambonas, ministre des affaires étrangères. — Séance du 5 juillet au soir ; *Moniteur,* n° 189. (1792.)

aider les deux armées de Prusse et d'Autriche
à dévaster et partager la France , et ils répon-
dent à Louis XVI que « *leur honneur et leur
devoir leur défendent également d'obéir aux
ordres qu'il leur adresse pour rentrer dans
le royaume.* »

Lorsque la guerre éclate au mois de juillet
1792 , lorsque des hordes ennemies menacent
la France , et qu'un manifeste du duc de
Brunswick inonde tous les départemens pour
y exciter la division et la révolte contre l'autorité nationale, que faisaient les deux princes complices de tant de maux? Diffamés à
Coblentz , méprisés dans l'armée prussienne,
ils étaient l'objet des railleries dans l'armée
campée au sein de la Belgique. Leur haine
aveugle et furibonde, qui n'était ni martiale,
ni même chevaleresque , était devenue une
sorte de ridicule attaché à ces deux princes,
marchant tristement à la suite des armées
étrangères, qui ne se battaient que pour d'autres intérêts que les leurs.

Comment ces princes auraient-ils inspiré
quelque intérêt avec les personnages aussi
méprisés qu'impolitiques qui les entouraient?
De quelle considération pouvaient-ils jouir
auprès des puissances étrangères avec *cet évê-
que d'Arras* (*Conzié*) , ambitieux hypocrite

et perturbateur atroce, qui , par ses conseils violens a plus perdu les *Bourbons*, que n'ont pu le faire leur dégénération et leur lâcheté ? avec ce *ministre dissipateur (Calonne)* , homme pervers avec légéreté , et systématiquement fugitif de son pays , qui avait indigné toute la France en la ruinant , et qui avait donné à M. Pitt le secret des finances du royaume, et le tableau de sa détresse, que lui-même il avait augmenté ? C'est avec ces conseillers sinistres que *Monsieur* et *M. d'Artois* s'occupaient (en cas de succès des armeés d'Autriche et de Prusse) du coupable projet de faire interdire Louis XVI, de renvoyer honteusement la Reine, de s'emparer de l'autorité royale, et de couvrir la France de meurtres et de vengeances. Ils sont connus, les projets atroces qu'avaient formés les princes français de faire périr tout ce qui avait pris une part active à la révolution, et de couvrir de honte et de deuil cette France qu'ils regardaient comme un patrimoine inaliénable, et ses habitans qu'ils considéraient comme de vils troupeaux.

Déjà les armées des coalisés sont en marche réglée sur nos frontières. *Frédéric - Guillaume* passe en revue , à Trèves, cinquante mille hommes. *Monsieur* y arrive avec vingt mille émigrés. *M. d'Artois* vient de rappelcr de Turin ses deux fils. C'en est fait ; la France doit, d'après leurs projets bienfaisans, être remise sous le joug le plus honteux et le plus dur ; et la situation de Louis XVI, renfermé au Temple, n'est d'aucun poids, d'aucune influence sur le cœur barbare de ses frères.

Mais les destinées de la France l'emportent sur tant de complots. Les armées prussiennes et autrichiennes fuient devant les premiers bataillons que l'amour de la patrie a improvisés comme par prodige. Les plaines de Champagne , couvertes encore des débris de ces armées étrangères, attestent le courage brillant des Français. La honte poursuivait les deux princes et leurs nobles cohortes dans leur fuite précipitée vers l'Allemagne.

Vous y fûtes insensibles, princes dégradés, qui n'aviez fait par ces tentatives infructueuses, que confirmer votre expulsion du territoire français ; et il nous semble encore voir *ce château de Ham* en Westphalie, où *Frédéric-Guillaume*, affligé des mauvais succès encourus pour votre indigne cause, donna à *Monsieur* une garde de quatre cents hommes, qui était moins une garde d'honneur, qu'une garde sévère qui le surveillait de très-près, qui ouvrait ses lettres, et le constituait plutôt *prisonnier*, que l'otage des Rois qu'ils avaient trompés.

C'est dans ce château de *Ham* que *Monsieur* apprit le jugement de Louis XVI. Son premier mouvement ne fut pas de répandre des larmes : l'intérêt personnel l'emporta sur la nature. Il ne s'occupa que de se déclarer lui-même sur le champ *régent du royaume* de France, dont il était absent, et où il lui était impossible de rentrer. C'est ce même jour, 28 janvier 1793, que le nouveau *régent* déclara *M. d'Artois lieutenant-général d'un royaume* qui n'existait plus pour eux.

Monsieur était si méprisé des puissances de l'Europe, que sa régence n'eut pas de succès plus durables à *Ham*, que son ministère principal n'en avait obtenu à Paris en 1790.

Les droits de la Reine à la régence et les usages de l'ancienne monarchie française étaient violés par cette déclaration précoce du nouveau *régent*, qui, malgré le caractère des *régences datives en France*, et malgré l'absurdité d'une nomination personnelle, n'avait pas rougi de se conférer à lui-même cette dignité chimérique. Ce prince, qui se dit si fort versé dans l'histoire, et si bien instruit des principes de la monarchie, avait sans doute perdu dans son exil la mémoire des quatre régences les moins anciennes : celle de la *reine Blanche*, mère de saint Louis ; celle de *Catherine de Médicis* ; celle de *Marie de Médicis* à la mort de Henri IV, et celle d'*Anne d'Autriche*, dont les États-Généraux et ensuite les parlemens déclarèrent les droits, selon l'usage.

L'impératrice de Russie, qui ne fit jamais à la coalition que de vaines promesses, fut cependant la première à reconnaître *la régence illégale de Monsieur*, et à lui envoyer le duc de Richelieu pour lui porter les lettres officielles de cette stérile reconnaissance diplomatique.

Mais les autres cours restèrent silencieuses ; et pendant qu'elles suspendaient leur adoption des nouveaux titres que s'arrogeaient les deux frères de Louis XVI, *M. d'Artois*, séduit par les promesses de l'impératrice de Russie, se rendit à Pétersbourg pour y exciter la haine contre la France.

Tout ce qui en résulta fut un service funèbre en l'honneur de la mémoire de Louis XVI ; service qui fut fait avec une affectation et une pompe extraordinaires. Mais une cérémonie qui devait exciter, en faveur des princes français, un intérêt fanatique chez les Russes, devint un motif d'aversion et de mépris , à cause de l'indécente conduite de M. d'Artois. *Catherine II* fut si indignée de l'étourderie et de l'indifférence avec laquelle ce prince fugitif se conduisit dans cette cérémonie funèbre , que le bon accueil de cette cour cessa à cette époque , et que *M. d'Artois* fut obligé de chercher un autre asyle.

CHAPITRE IV.

Conduite de Philippe, duc d'Orléans, dit Égalité.

La branche de Bourbon d'Orléans fut, depuis *Philippe* le régent, une famille dévouée à l'Angleterre (1).

Le nouveau Philippe eut une anglomanie

---

(1) *La famille des Bourbons d'Orléans a toujours été anglaise.* Le régent de France (duc d'Orléans) se conduisant comme s'il devait succéder à son pupille Louis XV, s'unit tacitement avec l'Angleterre, réputée l'ennemie éternelle et naturelle de la France, et rompit ouvertement avec la branche de Bourbon qui régnait à Madrid. La politique de l'Europe en fut changée. Le régent *duc d'Orléans*, de concert avec les Anglais, fit la guerre à son parent et à l'Espagne. C'était, comme l'a dit Voltaire, *une véritable guerre civile.*

Philippe d'Orléans, qui a joué un rôle si vil et si atroce dans la révolution, avait préparé en Angleterre ses plans ambitieux, et y avait appris des Anglais les horribles théories d'insurrection, de troubles et d'émeutes, qu'il a si stérilement mises en pratique à Paris, et dont il a été lui-même puni par les excès de la révolution qu'il avait tant fait exagérer par ses coupables agens. C'est ce Philippe d'Orléans qui avait introduit en

encore plus prononcée. Depuis long-tems tous les usages de sa maison étaient puisés chez nos ennemis ; et c'est par-là que s'introduisirent en France ces modes destructives de notre industrie , et qui firent long-tems sortir une partie de notre numéraire pour payer tribut aux manufactures de ces insulaires exclusifs.

La bataille d'*Ouessant* prouva à la nation combien elle pouvait peu compter sur les talens et le courage de ce prince. Ses premières divisions avec la cour , et principalement avec la Reine, présagèrent d'autres divisions qui seraient un jour d'une plus terrible influence.

Les parlemens étaient le seul pouvoir intermédiaire qui osât éclairer la religion du monarque et résister à ses ministres. C'est là que *Philippe d'Orléans* chercha d'abord à se faire un *parti*. Quelques conseillers-clercs , plus mutins que libres; quelques magistrats intrigans et avides de résistance ; de places et

---

France tous les usages , les modes , les marchandises , et jusqu'aux vices mêmes des Anglais.

Les trois fils de ce Philippe d'Orléans ont eu la même prédilection que leurs pères en faveur des Anglais. C'est aussi en Angleterre qu'ils se sont retirés. C'est au roi Georges III qu'ils ont eu la lâcheté d'offrir leurs services contre la France.....

de

de pouvoir se trouvèrent honorés de former le parti d'un prince ; ils cherchèrent tous à se populariser en résistant à des enregistremens d'impôts. Ces conseillers et ce prince furent exilés, et l'opinion publique, trompée sur les vrais motifs des refus d'enregistrement, se déclara pour eux.

A peine le nom des États-Généraux est prononcé, que *Philippe d'Orléans* médite de tirer parti du rétablissement de ce droit national. Des écrivains qui lui étaient dévoués, sont chargés de tracer des projets de *cahiers* et des *instructions pour les bailliages*, pendant que des agens secrets préparaient en silence, à Paris, le triomphe de la magistrature, l'agiotage de l'opinion, et la nomination des partisans du prince dans les divers bailliages.

Les États-Généraux s'assemblent : tous les mécontens et les intrigans de la cour se réunissent autour du duc d'Orléans nommé député. Bientôt les communes luttent contre les ordres privilégiés. La minorité de l'ordre de de la noblesse travaille à acquérir de la popularité, en se réunissant aux communes. Réunion vertueuse et digne d'éloges si elle avait eu réellement pour but le bien public ! Mais une ambition secrète en était le seul mobile ; et *le parti du duc d'Orléans* se prépa-

E

rait ainsi d'avance les degrés pour accélérer une révolution, et en profiter pour monter sur le trône.

Ainsi, sans idées libérales, sans patriotisme vrai, ce prince excite d'abord les partis, par esprit de vengeance, contre la cour et surtout contre la Reine. Il divise l'opinion par le moyen des cotteries d'écrivains *populaciers*, de courtisans immoraux et d'intrigans audacieux. Les événemens du 14 juillet s'offrent à lui comme un moyen de popularité. La famille de Louis XVI est en exécration à Paris, à cause des troupes rassemblées au Champ-de-Mars pour des projets féroces. *Le duc d'Orléans* fait promener son buste dans les rues de Paris, avec celui de *M. Necker*, que la faveur populaire et les regrets universels accompagnaient en ce moment dans l'exil. Mais le peuple, toujours libre dans ses suffrages, se prononça pour ses droits nationaux, et l'ambition *du duc d'Orléans* échoua sans cependant ralentir ni ses intrigues ni ses crimes.

C'est à la lueur des châteaux (1), incendiés

---

(1) L'Histoire, impartiale, racontera que ce sont les *nobles du parti d'Orléans* qui se servirent du levier de la peur pour insurger toute la France, et faire brûler les châteaux dans tous les villages.

à la fois dans toutes les provinces , que les hommes *du parti d'Orléans* provoquent les délibérations du 4 août, délibérations qui ne prirent un caractère de libéralité et de philosophie qu'à la voix des communes qui affranchirent de la féodalité dévorante l'agriculture et le commerce trop long-tems opprimés ; mais le crime des incendiaires n'en appartient pas moins à *Philippe d'Orléans.*

A peine les premiers articles de la constitution sont-ils préparés , que le *duc d'Orléans*, qui connaît les résistances d'une cour opiniâtre dans son despotisme et dans ses habitudes, est averti des projets organisés pour la fuite du Roi, le 5 octobre, jour consacré à lui présenter les premières lignes de la déclaration des droits.

On sait par quels moyens les troupes soldées se soulèvent dans Paris , malgré les efforts du commandant : on agite le peuple de terreurs , et on lui donne le conseil de se transporter à Versailles pour empêcher le Roi de partir.

Les agens secrets du *duc d'Orléans*, mêlés dans la foule immense qui, en un instant , inonde les avenues et le palais de Versailles, commandent les meurtres de cette journée , dont il faut absoudre le peuple qui en fut innocent. La révolution prend dès-lors un caractère de férocité réfléchie, et c'est à l'ambition du duc d'Orléans que la France doit reprocher cette horrible et funeste influence.

L'histoire des tems a dit qu'un homme célebre par son éloquence, avait senti le besoin de changer le chef de la dynastie, puisqu'il s'opposait à la réforme appelée par les vœux de la nation et par les lumières du dix-huitième siècle.

Ce qu'il y a de certain, c'est que le génie de cet homme célèbre se serait étrangement abusé si les succès avaient couronné ces affreuses journées d'octobre (1), puisqu'il aurait substitué au chef le plus faible, l'homme le plus vil, des intrigans et des sicaires à de mauvais ministres et à de lâches courtisans. Mirabeau s'est absous lui-même de ces coupables projets en faisant de la manière la plus énergique, quoique dans un style grossier, le portrait hideux de *ce duc d'Orléans*, qu'il cessa dès-lors de servir de ses talens dignes de plus nobles desseins.

____

(1) Elle est connue à Paris, la lettre qu'écrivait le duc d'Orléans à un de ses fidèles confidens à Paris, le - octobre au soir : « Courez vîte, mon cher, chez le banquier..... Qu'il ne délivre pas la somme, l'argent n'est point gagné ; le *marmot vit encore*.....

Depuis les journées des 5 et 6 octobre, la cour ne s'endormit pas sur la nécessité de se défaire *du duc d'Orléans*, que d'anciens ressentimens, une ambition ardente et une popularité affectée rendaient également redoutable comme *prince* et comme chef de *parti*. Tandis que des brochures virulentes excitaient à Paris la fermentation dans les esprits contre le duc d'Orléans, au point de mettre le feu à son palais, pour avoir abusé de la confiance du peuple, pour son ambition personnelle, un général envoyait en exil à Londres *ce duc anglomane*, sous couleur d'une mission diplomatique.

L'objet de cette mission fut un mystère profond pour les uns, et la cause de soupçons outrageans pour les autres : il fut un bien pour la patrie. Le duc d'Orléans ne revint de Londres qu'à la sollicitation de la duchesse, dont les vertus triomphèrent des passions de la cour. Louis XVI écrivit au duc d'Orléans *de revenir à Paris pour apprendre à être Français.* Louis XVI aurait bien dû aussi en même tems apprendre à être Roi.

La fédération de 1790 fut une époque où le *duc d'Orléans* demanda de prêter le serment civique ; ce que sa prétendue mission à Londres l'avait empêché de faire.

Cette jonglerie patriotique du duc d'Orléans doit trouver sa place à côté de la renonciation formelle qu'il fit, le 24 du mois d'août 1791, aux droits de *membre de la dynastie régnante*, pour s'en tenir aux droits de *citoyen français*, après s'être opposé, le 24 du même mois d'août, à ce que le titre de *prince français* fût donné par la constitution *aux membres de la famille royale*. Il n'y a eu que trop d'opérations de cet agiotage de civisme, qui n'en imposait qu'à une multitude aveugle ou égarée ; et, comme l'a dit à cette époque un député énergique (1) : « *Une telle* » *renonciation, si elle n'était pas impossible,* » *serait immorale ; et si ce n'est pas là une* » *vaine chimère présentée pour capter quel-* » *ques minutes de popularité*, l'on aurait » pu ajouter : J'ai reçu de la munificence » de la nation des rentes appanagères, pour » être le premier conseiller du trône ; je re- » nonce à mes appanages ; je ne veux plus » 4 millions pour payer mes dettes..... »

Il est inutile de rappeler comment le duc d'Orléans, baffoué dans l'Assemblée constituante, fut dénoncé à l'Assemblée législative ; comment il se plaignit de ce que le Roi

____

(1) Goupil de Préfeln.

*l'empêchait de servir dans l'armée de terre,
ainsi que dans sa dignité de grand-amiral.*
Il est trop heureux pour la France, que, dans
les époques orageuses, *ce chef de parti* n'exer-
çât pas quelque autorité ou quelque grade
élevé dans la force armée : ses complots, trop
long-tems cachés sous une popularité hypocrite et factieuse, ne tardèrent pas à se dévoiler.

La commune de Paris, composée en grande
partie d'hommes voués *au parti d'Orléans*,
change son nom en celui d'*Égalité*, comme
pour exciter le fanatisme de l'opinion en sa
faveur ; mais le ridicule, cette arme favorite
des Français, en fit bientôt justice. C'est cependant sous ce nom révolutionnairement
grotesque de *Philippe Égalité*, que ce prince
fut député, par le corps électoral de Paris,
à la Convention nationale ; mais il ne le fut
que par l'exécrable influence *des massacres
des prisons* le 2 septembre.

C'était l'époque où l'on demandait que le
Roi, renfermé au temple, fût jugé ; et c'était
aussi à cette époque que les trois fils du duc
d'Orléans servaient sous les ordres de *Dumouriez* à l'armée du Nord.

Ce dernier, qui n'avait été connu jusqu'alors
que comme un intrigant politique, ou qui

n'avait servi que comme partisan, n'avait pas encore développé ce caractère ambitieux qui devait le constituer duc de Brabant, en rétablissant, comme un nouveau Monk, un des Bourbons sur le trône. Le triomphe de Jemmapes, si chèrement acheté par la perte des premiers et des plus braves bataillons qui composaient cette nouvelle armée, déguisait les complots de ce général factieux ; et ce fut *le duc d'Orléans* qui vint rendre compte à la Convention nationale de la bravoure et de l'habileté de Dumouriez.

Ce fut un éveil donné aux amis de la patrie. On commença dès-lors à ne plus douter du projet ambitieux combiné entre la famille d'Orléans et le général traître. *Philippe-Égalité* veut éloigner les soupçons qui planent de toutes parts sur sa tête incapable de soutenir une telle ambition ; il prend la parole à la Convention nationale pour démentir, mais inutilement, les bruits qui circulaient concernant ses prétentions à remplacer Louis XVI. Cette étrange et impuissante justification fut bientôt suivie de la motion tendante à l'expulser de la France avec tous les autres *Bourbons*. Ses intrigues et son parti, bien plus sûrement que les principes, le maintinrent dans le nombre des députés à la Convention.

Dumouriez frémit de ces diverses attaques, qui lui désignaient d'avance l'impossibilité du succès de ses complots en faveur des *jeunes d'Orléans* qui lui servaient d'aides-de-camp et d'officiers-généraux à l'armée du Nord. L'aîné des fils de d'Orléans est envoyé secrétement à Paris à la fin du mois de novembre, pour épier l'esprit de Paris et celui de la Convention, et pour se concerter avec *Phi-lippe-Égalité* son père et avec ses habiles conseillers. Ce jeune prince, dans une conversation particulière qu'il eut à Paris, eut l'air de se plaindre de ce que la Convention nationale paraissait opprimée par la commune de Paris, et *assura que le général Dumouriez était prêt à envoyer trente mille hommes à Paris, si on le jugeait convenable, pour maintenir*, disait-il, *la liberté des délibérations de l'Assemblée.....* Ce piége adroit ne trompa personne, et après le retour du fils aîné de d'Orléans à l'armée, ce fut Dumouriez qui se chargea de venir explorer lui-même l'état des esprits et de l'opinion à Paris, où il demeura jusqu'après le jugement du Roi.

Ce fut là l'époque où le *duc d'Orléans* réunit contre lui toutes les opinions par la lâcheté barbare de son vote pour la mort de

Louis XVI. Certes, l'opinion générale était montée à un haut degré d'indignation contre un Roi perfide, violateur, à main armée, du contrat social ; mais l'opinion s'indigna aussi fortement de voir un *Bourbon* voter froidement la mort d'un *Bourbon*, tandis que les sentimens les plus légitimes, les liens du sang et le vœu de la nature lui ordonnaient de s'abstenir de voter. On vit alors les hommes les plus acharnés contre Louis XVI, et les représentans les plus déterminés à le condamner, blâmer hautement l'affreuse (1) et inutile participation que le *duc d'Orléans* eut à ce jugement, quoique nationalement rendu. Certes, alors on se félicita davantage d'avoir voté le régime républicain, qui, en détruisant la dynastie des Bourbons, excluait du pouvoir un prince si lâchement cruel. Quel homme en France eût pu supporter l'idée de voir à la tête de l'État un politique aussi monstrueux, et un prince aussi infâme ?

----

(1) Le prince de Galles, ancien ami du duc d'Orléans, déchira son portrait en apprenant par les journaux de France, qu'il avait voté la mort de Louis XVI. (*Moniteur*, n°. 37, année 1793.)

Dumouriez lui-même se déclara ennemi du duc d'Orléans, pour avoir voté dans le jugement de Louis XVI. (*Moniteur*, n°. 142, année 1793.)

Dès ce moment toutes les factions s'agitent et luttent avec violence dans la Convention nationale. Une conjuration près d'être exécutée par des sicaires de la commune de Paris et du *duc d'Orléans* au commencement du mois de mars 1793, vient compromettre la sûreté de l'Assemblée.

Un mois après la mort de Louis XVI, tandis que des bruits populaires et des conspirations organisées de tous côtés désignent pour le trône *Philippe-Égalité*, Dumouriez, accompagné des trois fils de ce prince, se démasque sur la frontière du Nord, et trahit sa patrie. Il fait arrêter le général Beurnonville et quatre représentans envoyés à Lille pour veiller sur l'armée et le rappeler à son devoir. Les *jeunes d'Orléans* sont les témoins de la conférence que ce général eut avec les envoyés de la Convention, et ils partagèrent, bientôt après, le crime de la livraison de ces représentans à l'Autriche, et la défection honteuse de Dumouriez : ils fuirent avec lui dans les pays étrangers.

Enfin la Convention se voit forcée d'ouvrir les yeux sur l'ambition secrète du *duc d'Orléans*. Une partie des représentans l'accuse d'avoir fait un voyage clandestin à *Sèez*. L'arrestation de tous les Bourbons qui étaient

restés en France est décrétée. Une autre partie de la Convention demande sa traduction
au tribunal : il est renfermé au fort Saint-
Jean à Marseille, et bientôt après ramené à
Paris, où il est condamné à la mort. Ainsi
finit ce *Bourbon d'Orléans*, qui fut un des
auteurs les plus acharnés de la division des
Bourbons, un des conseillers les plus ardens
de quelques journées horribles (1) de la révo-

---

(1) *Portrait du duc d'Orléans, extrait de l'abrégé de
l'histoire manuscrite de la révolution, par Rivarol.*

« Tel a été ce prince, que tous ses vices n'ont pu conduire à son crime (et tel est l'effet de cette lâcheté de
l'âme, de cet affaissement total de nos facultés, fruit de
la débauche, de la flatterie et de tous ses poisons !), qui
fut insensible à la gloire, et le devint à l'infamie. Les
M....., les S..... et les L....., le crime enfin avec tous
ses leviers, ne purent soulever cette âme, plongée dans
son bourbier. La haine, le mépris et toutes les tortures de
l'opinion furent impuissantes contre cette insensibilité,
qui est toujours le dernier degré de l'abrutissement et
le symptôme de la dissolution.

» On le vit au 6 octobre 1789, dans les rues de Versailles, entouré d'assassins, et caressant leur fameux
chef : c'était la corruption mendiant les secours de la
barbarie ; mais il paya le crime, et ne fut point servi. Le
conspirateur n'étant qu'un lâche, ses satellites ne furent
que des voleurs, et sa trahison ne trouva que des traî-

lution , et l'un des plus habiles , mais heureusement des plus lâches hypocrites qu'aient eus le patriotisme et la liberté. C'est ce prince que Louis XVI avait coutume d'appeler *un ambitieux infâme et déloyal* (1).....

---

tres..... C'est non-seulement de tous les princes , mais encore de tous les hommes , celui qui restera le plus profondément enfoncé dans le mépris de l'Europe. »

(1) *Voyez* la *Correspondance politique et confidentielle de Louis XVI*, imprimée à Paris en l'an 11 (1803), en deux volumes ; *Lettre LV de Louis XVI au ministre Dumouriez*, 24 avril 1792 , tom. II , pag. 64.

CHAPITRE V.

Conduite de Monsieur et de M. d'Artois, depuis la création de la République, jusqu'à la constitution de l'an 3.

CE n'était pas assez pour *Monsieur* et pour *M. d'Artois* d'avoir médité à Coblentz, avec leurs conseillers sinistres, de faire interdire le Roi leur frère ; de s'élever contre la Reine par les plus grands outrages ; d'avoir excité dans toutes les cours de l'Europe la guerre contre la France , sans égard pour la sûreté du monarque emprisonné au Temple ; d'avoir attiré au-delà du Rhin, le ban et l'arrière-ban de cette chevaleresque et trop crédule noblesse, sous prétexte d'obéir aux ordres du Roi , et de travailler au rétablissement de la monarchie. Ce n'était pas assez de vendre à ces malheureux émigrés, à un haut prix , les grades militaires et les distinctions honorifiques (1), en refusant de reconnaître celles

––––––––––

(1) Cette note est extraite des papiers saisis par ordre

que Louis XVI avait conférées depuis 1789;
d'avoir payé leurs dettes chez l'étranger avec

---

du Directoire , chez Durand-Maillanne , ex-constituant.

« *Monsieur* fit circuler de Coblentz dans tous les re-
coins du royaume, des lettres portant que la noblesse
qui n'émigrerait point serait rayée du tableau ; que l'of-
ficier qui serait resté à son poste en serait renvoyé ; que
les personnes qui auraient accepté des emplois en seraient
chassées ; que les acquéreurs des biens du clergé le lui
restitueraient ; que tout serait rétabli sur l'ancien pied ;
que les constitutionnels seraient pendus , et qu'on trai-
terait le tiers à coups de triques et à coups de pieds dans
le ventre.

» Ces lettres n'ayant point d'abord produit leur effet,
il députa de Coblentz des intrigans vers le beau sexe ,
pour le prier de mettre l'émigration à la mode , et d'envoyer des quenouilles à ceux qui ne voudraient point
sortir.

» Les prêtres , d'un autre côté , criaient à tout le
monde, en leur qualité de bergers de l'esprit public : *A
Coblentz ! à Coblentz ! Faut-il donc que ce soit nous
qui vous donnions l'exemple du courage et de la fer-
meté ?* Ces gentillâtres n'avaient jamais cherché de guides
que dans le roman et dans la mode ; et tous, conduits
par les prêtres , les suivirent dans la madrague du tems.

» A leur arrivée à Coblentz, *Monsieur,* pour leur justifier que ce n'était point la cause du Roi qu'ils venaient
embrasser, et que la déclaration du 23 juin était un piége
que sa faction déroutée avait tendu au tiers-état , se fit
remettre les *croix* et les *brevets* expédiés depuis cette dé-

de faux assignats (trait insigne de déloyau-
té, dont fort heureusement pour eux M. de

***

claration, en preuve qu'il ne reconnaissait plus l'autorité de son frère , au nom de qui ces expéditions avaient
été faites. Pour s'assurer de ceux qui avaient sorti de
l'argent, il le leur emprunta ; pour rassurer un chacun
contre le mérite et les talens , il vendit les emplois ; et
pour prouver à tous qu'il était insensible à tout ce qui se
faisait de mal au dedans, il excita les spectacles, les bals,
les jeux , les filles , et scandalisa jusqu'au roi de Prusse ,
par son luxe et ses prodigalités. Ce monarque , pour lui
faire sentir qu'il improuvait sa conduite, l'invita à dî-
ner , ne fit servir que quatre plats , et lui dit qu'il n'était
pas assez riche pour le traiter comme il l'avait fait.

» Le projet de *Monsieur* était, en faisant émigrer le
clergé, la noblesse et les riches, de se former un parti ,
dans le dedans, de leurs parens et amis , s'il n'eût point
été trompé par moins détestables que lui. Maître , par ce
moyen , de l'opinion , il se serait fait déclarer régent du
royaume, aurait dépouillé le Roi des attributs de la
royauté , aurait fait avaler à la Reine le calice des dé-
boires jusqu'à la lie , et aurait fait usage contre leurs
enfans, des pièces déposées au parlement.

» *Monsieur* avait porté son attention sur toutes choses, afin de diriger l'opinion au gré de ses desirs : il avait
attiré au dehors tous les plus fameux spadassins ; et tous
ceux qui ont osé manifester une opinion contraire à la
sienne, dire qu'une constitution était nécessaire, ont été,
ou tués par ces spadassins, ou pendus, ou jetés dans le
Rhin avec une pierre au cou. Ce sont ces faits qui l'ont

Romanzow

Romanzow empêcha les fâcheux résultats) :

---

rendu odieux à l'émigration, et il n'en est aucun qui ne l'accuse, dans le dehors, d'être l'auteur de tout le mal.

» Aussitôt après sa sortie de France, il envoya en son nom des agens auprès de tous les princes de l'Europe. Leurs missions étaient de les tromper sur toutes choses, et d'empêcher qu'aucun Français ne pût faire parvenir la vérité.

» Lorsqu'il vit que l'empereur Léopold ne voulait point déclarer la guerre à la France, il emprunta deux millions en Hollande, et les envoya à Dumouriez, pour qu'avec cette somme il corrompît le conseil du Roi, et lui fît déclarer la guerre à l'Empereur et au Roi de Prusse. Cette perfidie a transpiré, et a beaucoup contribué à la retraite du Roi de Prusse, qui, pour s'en venger, ainsi que l'Empereur, n'ont point voulu lui souffrir d'armée. Voilà l'unique cause du licenciement de celle qu'ils avaient consenti qu'il eût.

» Comme le prince de Condé n'a jamais eu aucune part à toutes ces intrigues, et pour humilier davantage les frères de Louis XVI, ils lui ont conservé la sienne.

» Les émigrés (s'entend les grands seigneurs et les évêques) disaient hautement, en 1792, que le Roi était *jacobin*, *constitutionnel*; qu'il n'était point propre à la couronne; qu'il fallait un *régent*, en désignant pour cette place *Monsieur*.

» Il y a un tems prescrit par l'expérience, pour que la vérité soit mise à jour sur toutes choses. On peut néanmoins avancer, en attendant qu'on ait ramassé çà et là cette vérité, que c'est le dehors qui a dirigé Robes-

F

il fallait encore que *Monsieur* donnât, dans la

---

pierre : il était entouré d'agens de *Monsieur*, qui lui ont successivement désigné les personnes dont il craignait les remords, celles qui avaient pénétré ses projets, et celles qu'il savait ne lui être point favorables.

» On sait que Pelletier de Saint-Fargeau gagna deux cents voix en un jour pour la mort du Roi. On sait dans le dehors, que les émigrés répétaient comme des perroquets, que le sacrifice du Roi avait été jugé nécessaire; qu'on ne voulait ni de la Reine pour régente, ni de son fils pour Roi; que les princes étaient d'accord sur cela avec les princes du sang et la haute noblesse. Tous ces propos sont parvenus à la cour de Vienne : aussi l'Empereur n'a jamais voulu recevoir dans ses États, ni le prétendant, ni son frère. Peu de personnes ignorent la réception que fit à ce dernier l'électeur de Cologne : il lui signifia de sortir de son électorat dans les vingt-quatre heures.

» On sait que tous les membres des parlemens qui ont eu connaissance du dépôt fait par le duc de Fitz-James, ont été guillotinés; que M. de Malesherbes l'a été, parce qu'il était dépositaire du codicile secret du Roi.

» On remarque, en lisant son testament, qu'il ne recommande point ses enfans à *ses frères*, mais à *sa sœur*. On sait que le maréchal de Mouchi a été guillotiné pour avoir révélé au Roi le projet de l'émigration, et que madame Élisabeth l'a été, parce qu'elle avait pris avec son frère l'engagement de révéler toutes ces horreurs à son fils lorsqu'il aurait atteint l'âge de raison. Enfin, on sait que le prétendant est abhorré de toute l'émigration ;

Westphalie (1), le spectacle à la fois grotesque et ridicule d'une émigré prisonnier dans
l'étranger, d'un régent sans royaume, d'un
prince sans sujets et d'un général sans armée.

C'est au château de *Ham*, que *Monsieur*
apprit le 27 janvier 1793, la fin tragique de
Louis XVI. Les premiers momens d'un aussi
profond politique ne furent pas donnés aux
sentimens de la nature, mais à la surveillance
du royaume de France. Il y avait quatre mois
que la république y était établie : *Monsieur*
crut, dans sa prévoyante sagesse, qu'il ne de-

---

qu'elle ne voit en lui qu'un tartuffe, auteur de tous les
malheurs dont la France est assiégée, et l'on y est étonné
de ce que personne n'ose, pour y mettre fin, donner le
jour à la vérité. Cette matière requiert une plume ner-
veuse, et je ne vois que le brave, que l'incomparable
Durand-Maillane qui puisse devenir le guide de l'esprit
public, et c'est à cette fin que je lui fais part de ces notes. »
(*Voyez* le *Moniteur*, n°. 200, an 6.)

(1) On se rappelle comment le ci-devant *Monsieur*
était resté au château de Ham. Frédéric-Guillaume
lui donna une garde de quatre cents hommes. Il venait
de fuir des frontières de la France avec les armées étrangères, qui furent si glorieusement repoussées. Cette garde
de quatre cents hommes était moins une garde d'honneur, qu'une garde de sûreté qui surveillait *Monsieur*
de plus près ; car on y décachetait ses lettres, et il ne
pouvait communiquer avec personne.

vait pas se livrer à une douleur vulgaire , mais plutôt donner tous ses soins aux États imaginaires que, du fond du château de Ham, il allait gouverner à son gré.

Le premier témoignage de regret qu'il donna à la mémoire de son frère, fut une lettre écrite aux émigrés, et une déclaration de *sa régence* d'un royaume qui n'existait plus, d'un pays où il n'était pas et où il lui était impossible de rentrer.

« J'ai pris le titre de *régent du royaume*,
» écrivait-il aux émigrés le 23 janvier 1798,
» titre que le droit de ma naissance me donne
» pendant la minorité de Louis XVII mon
» neveu ; et j'ai confié, au comte d'Artois,
» celui de *lieutenant - général du royaume*.
» Votre attachement à la religion de vos
» pères et au souverain que nous pleurons
» aujourd'hui, me dispense de vous exhorter
» à redoubler de zèle et de fidélité à votre
» jeune monarque, et d'ardeur pour venger
» le sang de son auguste père..... Si dans un
» tel malheur il nous est possible de recevoir
» quelque consolation, elle nous est offerte
» pour venger notre Roi, replacer son fils sur
» le trône, et rendre à la France son ancienne
» constitution, qui seule peut faire son bon-
» heur et sa gloire..... »

A cette lettre était jointe la déclaration du nouveau régent, dont les *vengeances* s'annonçaient déjà si fortement.

Mais laissons cette honteuse et extravagante régence, dont l'Histoire de France ne présente rien de semblable, et d'aussi contraire à tous les principes établis même dans cette antique constitution dont parle l'*usurpateur de la régence* (1).

----

(1) La régence eût-elle appartenu de droit à *Monsieur*, il n'aurait pas eu pour cela le droit de se constituer *régent*. Personne n'a le droit de se constituer soi-même, et encore bien moins en matière de tutèle et de régence.

Les États-Généraux, sous les première et seconde races, ont toujours accordé ce droit aux veuves des Rois de France. Depuis la loi salique il s'est élevé une question, pour savoir si les femmes, étant exclues du trône, l'étaient aussi de la régence ; mais comme la loi salique avait été rendue pour empêcher que la couronne passât en des mains étrangères, plutôt que par crainte d'incapacité de la part des femmes (puisque trois régences, et notamment celle de la reine Blanche, avaient été le plus sagement administrées), les États-Généraux décidèrent en faveur des reines-mères.

En conséquence, *Catherine de Médicis* se présenta au parlement, et sur les conclusions de Juvénal des Ursins : elle lui fut adjugée par arrêt du parlement de Paris.

Marie de Médicis, à la mort de Henri IV, se présenta

Voilà que déjà, dans la Vendée, les vengeances prédites par ce régent usurpateur se réalisent. La guerre civile a éclaté avec toutes ses fureurs, accélérées par l'or des Anglais et par le fanatisme de quelques prêtres intolérans. L'insurrection royale qui se manifesta par la prise sanglante de *Chollet*, est proclamée au nom du soi-disant *régent du royaume*. Bientôt la Russie seule reconnaît cette régence illégale (1), tandis que la Suède proclame sa neutralité. Enfin, c'est au nom des princes fugitifs que les départemens de la Loire et de l'Ouest se couvrent de troubles, de meurtres, de dissentions, de pillages et de

---

de même au parlement, y demanda la régence en vertu de la chose décidée par les États-Généraux de 1560, et précédemment jugée par arrêt de la cour des pairs : elle lui fut également adjugée.

Anne d'Autriche, veuve de Louis XIII, se présenta également au parlement de Paris, munie de la décision des États-Généraux de 1560, et de deux arrêts : la régence ne pouvait lui être refusée.

Ainsi, depuis la loi salique, voilà une décision des États-Généraux et trois arrêts de la cour des pairs, en faveur des reines-mères.

Le duc d'Orléans, à la mort de Louis XIV, qui était veuf, se présenta au parlement, qui lui accorda la régence.

(1) *Moniteur* du 11 mars 1793, n°. 131.

ruines. C'est au nom du *prétendu Louis XVII*
et du *vindicatif régent* que les Anglais prennent possession de Toulon , pour anéantir
son arsenal , brûler ses vaisseaux et insulter
à la fois aux droits et aux propriétés de la
nation entière (1).

C'est après cette honteuse et parricide ex-
pédition de Toulon , que le prétendu régent
du royaume va s'établir à *Véronne* : c'est dans
ces mêmes États vénitiens (qui devaient être
punis un jour par le héros vengeur des Fran-

---

(1) Il est curieux de lire dans la réponse des commissaires anglais à la requête des Toulonnais , pour rappeler
dans leur ville *Monsieur*, régent de France , le 28 septembre 1793 , ces étranges paroles : « La régence de
France intéresse essentiellement l'Europe entière , et surtout les puissances coalisées , puisque , dans les circonstances actuelles , l'autorité du régent , comme celle du
trône même , ne peut être réalisée que par leur secours
et par des efforts extraordinaires de leur part. Cet objet
doit donc être traité directement avec les cours qui com-
battent les ennemis de notre Roi. Jusqu'alors nous ne
nous trouvons point autorisés à consentir à la proposition
qui a été faite , d'appeler à Toulon M. le comte de Provence , pour y exercer les fonctions de régent du royaume
de France , parce que ce serait destituer sa majesté britannique , avant l'époque stipulée , de l'autorité qui lui
a été confiée..... » *Moniteur* du 13 pluviôse an 2 ,
n°. 133.

çais) que *Louis XVIII* va donner le spectacle d'une cour à la fois ridicule et conspiratrice, baffouée et impuissante, tandis que *M. d'Artois* présentait à l'Europe indignée le spectacle d'un prince lâche, dont l'adversité n'avait pu relever l'âme, et devenu assez vil pour mendier un asyle et des secours auprès de cette même Angleterre qui fut toujours la plus implacable ennemie des *Bourbons*.

Je ne peindrai point cette prétendue cour de Véronne, qui était encore plus l'objet des railleries des diverses cours de l'Europe, que des mépris de l'Italie ; mais je dirai que c'est du sein de cet asyle donné par les nobles Vénitiens au prince inscrit sur leur livre d'or, que sortirent à la fois mille complots, mille conspirations contre la France ; c'est de là que partirent ces intelligences avec *Pichegru*, qui commandait une des armées de la république ; c'est de là que vinrent les intelligences stipendiées dans les départemens vendéens, tandis que M. d'Artois en activait les horribles résultats auprès du cabinet de Saint-James, toujours prêt à faire couler le sang français.

Ainsi, toujours lâches et toujours méprisés, ils ne cessaient d'allumer partout les feux qui devaient incendier leur ancienne patrie, et y exciter les dissentions civiles.

Mais enfin l'armée française obtient sur les rebelles de la Vendée, trompés par les princes fugitifs et excités par la politique anglaise, des succès désastreux, puisqu'ils faisaient couler le sang français. C'est inutilement que M. d'Artois est déposé par les vaisseaux anglais à *l'Isle-Dieu*, comme un épouvantail pour la France, et comme un gage de succès pour les stipendiés du cabinet de Saint-James : la journée de *Quiberon* détruit en même tems les espérances des Bourbons et la gloire des Anglais. La Grande-Bretagne se déshonore par le lâche assassinat des marins et des émigrés que ses vaisseaux usurpateurs avaient portés sur les plages de Quiberon, et que ces mêmes vaisseaux foudroyaient malheureux et vaincus, un instant après, sur le même rivage.

Le fils unique de Louis XVI meurt, et aussitôt le *régent* change son titre illégal en un autre encore plus chimérique : il se proclame *Roi de France*, et fait passer le titre de *Monsieur* sur la tête de son frère. Georges III, le *défenseur exclusif de la sûreté et des libertés de l'Europe*, est la seule puissance qui félicite le nouveau Roi sur son avénement au trône de France sous le titre de *Louis XVIII*. Mais, tandis que le Roi de la Grande - Bretagne agissait avec cette haute franchise envers un Bourbon fugitif, les journalistes anglais l'accablaient de sarcasmes et d'amères plaisanteries sur son acceptation du royaume de France (1).

Ainsi, toujours lâches, toujours méprisables, toujours implacables ennemis du peuple français, ils lui suscitaient des haines en

---

(1) *Voyez* le *Morning-Chronicle*, dont les propres expressions sont rapportées dans le *Moniteur* du 28 fructidor an 3, n°. 358 : « Louis XVIII est un Roi de beaucoup trop d'esprit pour accepter un royaume, même celui de France, avec la moindre diminution d'une des parties de l'ancien pouvoir suprême. Il a derniérement envoyé une démission formelle à un prince ou personnage du premier rang, qui avait rempli un des plus importans offices auprès de la personne de Louis XVI. Son motif est que cette personne s'était montrée favorable à la révolution dans son principe. On peut se rappeler que non-seulement, au commencement de cette même révolution, Louis XVIII lui-même s'y montra favorable, mais qu'il prêta volontairement, et à plusieurs différentes reprises, le serment solennel de la défendre de tous ses moyens; mais, à cette époque, Louis XVIII n'était encore que *Monsieur*, et il ne se regarde pas actuellement comme engagé et lié par tout ce qu'il a dit ou juré auparavant.

Italie, en Allemagne, en Russie, en Angleterre.

Pendant le cours de ces intrigues avilis-
santes, leur nom servait de ralliement à tous
les brigands de l'Ouest et à tous les réacteurs
des départemens méridionaux. Tantôt prê-
chant la rébellion et le meurtre pour reconquérir ce qu'ils osent appeler leur *patrimoine*,
comme si les peuples étaient de vils troupeaux ; tantôt soulevant des tempêtes politiques pour soumettre la France à l'invasion
et au partage des barbares, ils croupissaient
dans une incroyable lâcheté, ou languissaient
dans des palais étrangers, à deux cents lieues
des armées coalisées ou des rassemblemens
d'émigrés qui se battaient pour eux.

Non, en parcourant les tristes et honteuses
époques où l'on a vu des princes fugitifs de
leurs États et armés contre leurs propres
sujets, il n'est pas possible d'en trouver une
seule où une nation trahie et abandonnée par
la famille royale, ait eu autant de griefs à
porter que les Français en ont contre les
Bourbons. Non, jamais famille régnante ne
commit autant de forfaits contre une nation,
que cette famille ingrate et dégénérée.

En effet, dans quel département, dans
quelle commune de ce vaste Empire n'y a-t-il

pas des traces de toutes les calamités que les derniers des Bourbons ont versées à grands flots sur les Français ? Quelle est la famille qui n'a pas à leur demander un fils, un frère, un parent tués par la main d'un Prussien, d'un Russe, d'un Autrichien, d'un Anglais ?

Parmi les émigrés mêmes, quelle est la famille qui n'a pas à reprocher à ces princes fugitifs la perte de leurs propriétés et les maux innombrables qui ont pesé sur chacune d'elles dans l'intérieur, tandis qu'au dehors ces mêmes princes leur vendaient, à un prix excessif, des titres, des distinctions et des grades dans une armée imaginaire ?

Voilà cependant ces princes rebelles, contre lesquels leurs partisans mêmes s'élevaient, **en** les accusant de les avoir poussés à l'émigration, de leur avoir commandé en vain tous les genres de sacrifice, et de les avoir ensuite traités sans égard et sans aucun retour d'intérêt ! Voilà ces princes dégénérés, dont la conduite est également odieuse et infâme, soit à *Véronne*, soit à l'*Isle-Dieu*, soit à *Londres*, soit à *Saint-Pétersbourg*, soit à *Memmel*, soit à *Quiberon* ! Depuis cette exécrable journée, suivons leurs traces en Europe ; nous les trouverons toujours sur la route de la lâcheté et de l'infamie.

CHAPITRE VI.

*Conduite des princes , depuis le 13
vendemiaire an 4 , jusqu'à l'an 8.*

Tandis que le canon du 13 vendemiaire
détruisait à Paris les espérances du royalisme
et de la réaction , les princes méditaient encore à Londres et à Véronne de nouveaux
complots contre le gouvernement directorial
qui allait s'établir en vertu de la nouvelle
constitution de l'an 3.

Ce succès remarquable de la France libre
avait été improvisé , pour ainsi dire, par l'audace heureuse d'un jeune et illustre général,
qui avait été destitué et comme proscrit pendant quelques mois , mais dont le génie devait
un jour *sauver la France* , et la préserver
également contre les factions de tous genres ,
et contre les trames des Bourbons.

C'est en vain que de nouveaux émissaires
du *monarque de Véronne* colportent , dans
les départemens de l'Ouest, sa proclamation
par laquelle il annonce aux Français qui le
reconnaîtront, le pardon le plus outrageant,

et sans doute aussi le plus perfide. Le général Rey, commandant alors l'armée des côtes de Brest, lui fait une réponse qui fut si justement applaudie dans la Convention nationale (1) : « Vos promesses de pardon, qui » annoncent votre faiblesse, s'évanouiraient » bientôt si vous aviez la force de nous op- » primer. Bientôt les scènes horribles de la » Saint-Barthélemi se renouvelleraient. Quel » soldat, quel Français serait en sûreté ? Que » n'imagineriez-vous pas pour les punir de » leur bravoure, vous qui l'appelez PERFIDIE » et RÉBÉLLION ?..... Oseriez-vous penser que » des héros invincibles, qui ont fait trembler » l'Europe coalisée, deviendraient assez fai- » bles pour courber leur tête sous le joug des » Bourbons ?..... » Pendant ce tems, M. le comte de Gélin était rentré en France par autorisation de Louis XVIII, et voyageait de Paris à Brest pour organiser des résistances à l'autorité nationale, et des dissentions civiles dans le département de l'Eure, où il fut arrêté, et ensuite puni par des tribunaux militaires à Paris.

Mais le sénat de Venise, qui avait donné asyle à Louis XVIII, vit avec effroi l'armée

---

(1) Séance du 25 vendemiaire an 4.

française marchant en triomphe dans l'Italie subjuguée. Le sénat refuse toute prolongation de séjour au prétendu Roi de France , qui lui répond en demandant de lui renvoyer l'armure de Henri IV ; mais c'était son éclatante bravoure et son génie audacieux dont il avait besoin , et non de ses armes.

Louis XVIII se décide à aller dans le corps de Condé : à peine y est-il arrivé, qu'il y fait une revue, comme si cette armée soldée par l'Angleterre lui eût appartenu ; il fait chanter une messe solennelle , le *Domine salvum fac Regem* et un *Te Deum* , comme s'il eût remporté une victoire en fuyant de Véronne.

M. le maréchal de Wurmser reçut ordre de la cour de Vienne, de notifier au prétendant *que sa présence était encore plus déplacée au corps de Condé qu'à Véronne , et qu'il devait se retirer à Blanckembourg.*

Que fit ce prétendu Roi de France dans ces circonstances peu honorables ? Il se déshonora encore plus en demandant asyle au roi de la Grande-Bretagne.

Peut-être croira-t-on difficilement que ce prince, qui se disait alors héritier de la couronne de France, a sollicité, avec les plus vives instances, les secours des plus implacables ennemis de sa propre famille et de la

France. Quoi ! dira-t-on , un successeur de Charles V, de Charles VII et de Henri IV se place devant les Anglais dans une posture si humiliante ! Quoi ! un prince qui parle sans cesse de ses droits à l'héritage de saint Louis (1), s'abaisse jusqu'à mendier une retraite chez les Rois de la Grande-Bretagne , dont l'ambassadeur *Stairs* insulta Louis XIV au lit de mort (2) !

Voici quelques lignes de cette honteuse lettre qu'il écrivit, le 28 septembre 1796 , au duc d'Harcourt (3) à Londres : « Que me reste-t-il

***

(1) Lorsque saint Louis revint de la Terre-Sainte, en 1254, Henri III, roi d'Angleterre, vint lui rendre visite. Saint Louis, pour lui faire honneur dans le festin qu'il lui donna, voulut placer le Roi d'Angleterre entre lui et le jeune Roi de Navarre. Henri III répondit à saint Louis, que cette place était mieux et plus convenablement remplie par le Roi de France ; *car*, ajouta Henri III, *vous êtes mon seigneur, et le serez toujours.* — *Voyez* Mathieu , historien anglais et contemporain , d'après lequel le président Hénault rapporte ce fait.

(2) *Voyez* les Mémoires de Massillon , sur la minorité de Louis XV.

(3) Un comte d'*Harcourt* commandait sous Édouard la première ligne de l'armée anglaise à la journée de Créci. Ainsi , sous les *Valois* comme sous les *Bourbons* , les *Harcourt* servaient les Anglais et trahissaient leur pays

»donc

» donc? la Vendée. — Qui peut m'y conduire?
» le Roi d'Angleterre. — Insistez donc de
» nouveau ; dites aux ministres que je leur
» demande *ou mon trône ou mon tombeau*.....
» Faites remarquer toutes ces choses au ca-
» binet de Saint-James ; ajoutez-y ce qui de-
» vient plus insignifiant (parce que j'en suis
» l'objet), que *j'éprouverai le plus doux plai-*
» *sir à devoir ma gloire et le bien-être de*
» *mon royaume à un souverain aussi ver-*
» *tueux que le Roi d'Angleterre , et à des*
» *ministres aussi éclairés que les siens.....* »
Eh ! quoi? d'*un Bourbon est-ce là le lan-*
gage? Quoi? attendre sa *gloire* et *le bien-être*
de la France d'un Roi d'Angleterre? Attendre
la *prospérité des Français* de la main de ces
mêmes Anglais qui, pendant un si long espace
de tems, ont désolé plutôt qu'envahi une partie de la France, qui ont détruit sa population
par tous les crimes, anéanti son commerce
par toutes les pirateries, brûlé sa marine dans
ses propres ports, excité toutes les rébellions,
payé toutes les guerres civiles ! Trouver le
plus doux plaisir à *devoir sa couronne* à un
souverain aussi vertueux , qui, depuis qu'il
règne, a fait quatre guerres injustes aux Français, et violé tous ses traités avec eux ! Devoir
sa gloire et le bien-être de la France à des mi-

nistres aussi éclairés que ceux de Georges III, c'est-à-dire, à *Williams Pitt*, que les triomphes nombreux de la France jettent dans une fureur délirante ; à *lord Grenville*, qui a voté si loyalement la guerre d'extermination contre les Français ; à ce ministère anglican, en un mot, qui a voulu tant de fois effacer la France de la carte politique, commerciale et maritime de l'Europe!!!!

Voilà cependant un de ces *Bourbons* fugitifs qui veulent remonter sur le trône en s'appuyant sur les armes britanniques ; mais les ministres de Saint-James, ne s'occupant guère de l'intérêt des princes émigrés, leur opposent les dangers de la responsabilité qu'ils encouraient. « Si je devais périr, répond
» Louis XVIII à M. le duc d'Harcourt, bien
» loin que cet événement éteignît le courage
» de mes fidèles sujets, *ma chemise* teinte de
» mon sang serait, pour tous les royalistes,
» l'enseigne la plus propre à les élever, et à
» leur donner une nouvelle et plus ardente
» émulation. Par conséquent, il n'y a rien à
» craindre pour le Roi dont la vie ne peut
» finir en France, et pour la vie duquel le
» ministère britannique témoigne des craintes
» de responsabilité. »

Oh ! l'étrange responsabilité que celle des

ministres anglais défendant le prétendant français ! Elle est au moins aussi extraordinaire que le langage de Louis XVIII se comparant à Henri IV , qui disait aux Français : *Ralliez-vous à mon panache blanc ; vous le trouverez toujours au chemin de l'honneur.*

Pendant que ce Roi imaginaire se déshonorait ainsi en écrivant en Angleterre , ses agens affichaient et répandaient avec profusion à Caen et dans le département du Calvados , une proclamation hypocrite et séditieuse, portant en tête : « *Dieu et le Roi*, signée *Raoul, Tonnerre, Douvres* et *Robert.* Ils annonçaient que *les vrais chasseurs de Louis-Stanislas-Xavier de Bourbon garantiront les* HONNÊTES GENS *du pillage des* BRIGANDS *, qu'ils protégeront le retour de l'ancien gouvernement ; ils promettent abondance de graces et de bénédictions ; ils en*gagent les acquéreurs de biens nationaux à les rendre, et menacent les *ci-devant nobles restés en France*, de les traiter en *ennemis* s'ils ne se déclarent pas pour eux (1). »

Il est curieux de voir par quels étranges et vils moyens le prétendant et le prince de Condé cherchaient à rentrer en France. La

____

(1) *Moniteur* de l'an 5 , n°. 68.

porte de leur prétendu royaume ne pouvait s'ouvrir par le courage et la victoire : ces deux princes ne se le dissimulaient point, et ils crurent plus facile de l'ouvrir par la vénalité et la trahison. Qui ne se rappelle cette pièce trouvée à Venise dans le porte - feuille de d'Entraigues, et entiérement écrite de sa main (1), et les offres faites par le prince de Condé, autorisé du prétendant, à Pichegru, commandant alors dans le Haut-Rhin, au quartier-général d'*Alikirck*, de lui donner (s'il fa-

---

(1) *Moniteur*, n°. 352 et suiv., fructidor an 5 (1797). Conversation de d'Entraigues, du 4 décembre 1796.

Voyez dans le *Moniteur* de l'an 5, n°. 141, les différentes pièces relatives à la conspiration de Dunan, Brottier et Lavilleurnois, et surtout la pièce n°. 8, signée du *duc de Lavauguyon* et approuvée par le prétendant, signé *Louis*, à Blankembourg, sous la date du 24 novembre 1796.

Dans le n°. 44 du *Moniteur*, on trouve l'aveu de *Brottier*, qui se déclare agent du prétendant, et qui assure que l'approbation qui se trouve dans cette pièce n°. 8, renfermant les instructions du prétendant à ses agens secrets en France, *est de la propre main du prétendant*, et que la signature *Louis* est la sienne : il reconnaît aussi les pouvoirs et instructions trouvés sur lui, pour être écrits en entier de la main du ci-devant *comte de Provence*, signés de lui, et lui avoir été adressés directement par le *ci-devant Monsieur*.

vorisait la rentrée des princes émigrés, en li-
vrant la ville d'Huningue, en proclamant
Louis XVIII dans ses camps, et en se réunissant à M. de Condé pour marcher sur Paris),
le titre de *maréchal de France, gouverneur
d'Alsace*, le cordon rouge, le château de
Chambord avec son parc et douze pièces de
canon enlevées aux Autrichiens, un million
d'argent comptant, 200,000 livres de rente,
un hôtel à Paris, la terre d'Arbois portant
le nom de *Pichegru*, avec exemption d'impôts pendant quinze ans, la pension de 200,000
livres réversible par moitié à sa femme, et
50,000 livres à ses enfans, à perpétuité, jusqu'à extinction de sa race?... Étrange et odieuse
manière de reconquérir une couronne ! Et
de tels hommes osent se dire descendans de
Henri IV et du grand Condé ! ils osent récla-
mer le patrimoine de saint Louis ! ! ! ! !

Heureusement pour la France l'orgueil stu-
pide des princes rejeta les améliorations de ce
plan de perfidie, faites par Pichegru ; et de
nouvelles convulsions furent épargnées à cette
frontière du Rhin si long-tems trahie tacitement par ce général fourbe, que ni ses devoirs militaires, ni le souvenir de son élévá-
tion du rang le plus obscur ne purent empêcher de trahir son pays et sa foi jurée.

Mais tel était l'art infernal des agens de Louis XVIII, qu'à peine une conspiration était échouée ou éteinte, qu'ils en tramaient de nouvelles. Bientôt on vit paraître sur la scène un nouvel agent du prétendant, *Du-verne-de-Presle*, connu sous le faux nom de Dunan. Lui et ses complices, *Brottier* et *La-villeurnois*, étaient chargés de rallier à un centre de conjuration les divers chefs de la Vendée et de la Bretagne, d'y réunir vers le même but tous les agens royaux répartis et disséminés dans les divers départemens. Ce Dunan voyageait, avec la rapidité de l'éclair, de Paris à la Vendée et dans tous les points de la Bretagne ; il allait ensuite se concerter avec *M. Wickam*, cet agent anglais qui résidait en Suisse, et qui était spécialement chargé de seconder, par tous ses moyens, la guerre civile au sein de la France ; puis il reparaissait à l'armée de Condé, et courait ensuite s'expliquer à Londres avec le comte d'Artois et les ministres de Saint-James.

La France était divisée en deux agences générales, pour favoriser les dissentions intérieures, le retour du prétendant et l'exécution de ses terribles vengeances ; favoriser la désertion des armées, corrompre des bataillons ou des chefs de corps, exciter les campagnes à des soulévemens généraux. Ces deux agences devaient fournir des armes et des munitions aux royalistes les plus fanatiques et organisés en corps de troupes , et elles correspondaient avec Louis XVIII et avec les agens du gouvernement britannique. Ainsi l'on voyait les perfides Bourbons ne s'occuper, dans leur délirante politique, que de déchirer le sein de la France , et d'en livrer les tristes lambeaux à ses plus terribles ennemis, les Anglais. *Précy* dirigeait de Berne ses agens, veillait sur les rebelles de l'Est et du Midi ; *Puisaye* étendait ses intelligences depuis Brest jusqu'à Laval; *Frotté*, ayant reçu ses instructions à Londres, disposait de toute la Basse-Normandie ; *Bourmont* agiotait la contre-révolution depuis l'Orient jusqu'à Paris ; *Rochecol* entretenait des intelligences actives depuis le Perche et le Maine , jusqu'aux portes de la capitale qui en était le foyer; *Pallu du Parc* agissait depuis Rochefort jusqu'à Bordeaux ; *Mullet*, ancien aide-major de Château-Vieux , était chargé de la Haute-Normandie et de l'Ile-de-France; *Juglaz* était employé dans l'Orléanais ; la Picardie et la Brie étaient confiées au nommé *Butet*. Toutes ces vues parricides étaient l'objet d'une correspondance secrète de Paris à Lausanne, à Bilinzona, et de là à Venise, à d'Entraignes, et de ce dernier à Lavauguyon en Espagne, tandis que d'autres renseignemens étaient transmis de Paris en Angleterre par un nommé *Hardemberg*; *M. d'Harcourt* était, à Londres, le dépositaire des instructions données par le prétendant (1).

Cependant au milieu de tous les préparatifs d'anarchie, de guerre civile et de conspiration contre le gouvernement directorial, les cours de Véronne et de Saint-James se défiaient l'une de l'autre, et s'accusaient de perfidie; mais leurs agens respectifs n'en ourdissaient pas moins, sur tout le territoire de la France, mille trames tendantes au renversement du gouvernement français et à l'assassinat des directeurs.

Les espérances de la paix générale n'avaient brillé un instant que pour replonger l'Europe, et surtout la France, dans une obscurité politique encore plus profonde qu'auparavant. La conspiration générale prend bientôt un plus grand caractère, et paraît même s'appuyer sur des membres qui siégeaient dans les *deux conseils* de la nation. C'est encore *Pichegru* et ses complices, qui, sous le manteau de

______

(1) *Voyez* les deux déclarations de Duverne-de-Presle, le 11 germinal an 5, *Moniteur*, n°. 353.

la représentation nationale, organisent la destruction du gouvernement de la France , le
rétablissement des Bourbons, de leur noblesse,
de leur clergé, de leur féodalité, et de tous
les abus privilégiés d'une vieille monarchie.

Mais tout à coup la lumière et la vérité jail-
lissent de la même armée d'où sortaient chaque
jour la victoire et la sûreté de la France. Le
général de l'armée d'Italie (BONAPARTE), ca-
lomnié à Paris ainsi que les milliers de braves
qu'il commandait, envoie des preuves écrites
de la trahison ourdie avec une insolente impunité, au sein même de la délibération publique sur les intérêts de l'État. La paix avec
les puissances belligérantes, qui paraissait
chaque jour plus éloignée, n'avait éclairé personne en France ; l'audace des discours royalistes n'avait instruit personne. C'est en vain
que, dans tous les départemens, les esprits
étaient dans l'agitation et les alarmes, et que
l'observateur le plus indifférent ou le plus
vulgaire voyait partout l'image d'une guerre
intestine : la multitude d'agens et de partisans
stipendiés des Bourbons semblait être parvenue à fasciner tous les yeux, à paralyser l'action du gouvernement, et à cacher la marche
des conspirateurs en chef qui se trouvaient
dans le Corps législatif.

Un éclair part du sein même de ces nuages aglomérés autour du Directoire ; et cet éclair présente la plus vaste des conspirations, organisée par le fantastique Roi réfugié à Blankembourg. Le gouvernement directorial frémit à la vue d'une nouvelle Vendée générale, présent funeste de ces sanguinaires Bourbons ; et il prend des mesures fortes que la nécessité commandait, mais que la saine politique oublia de diriger et de limiter pour le salut général de la France. Du moins elle échappa cette fois aux calamités universelles que le prétendant avait organisées.

A mesure que ses projets turbulens et homicides échouaient à Paris et dans les départemens, il s'en éloignait de plus en plus, et prouvait ainsi que le sol français le repoussait en quelque sorte : il part de Blankembourg, et va cacher en Russie ses remords et sa honte. Il arrive bientôt à *Mittau*, où il attend les derniers efforts d'une coalition impuissante, et de nouvelles tentatives de la part de cette Angleterre qui lui avait refusé asyle et secours, mais qui voulait encore se servir de son nom pour organiser de nouvelles dissentions intestines dans les départemens de l'Ouest.

Raconterai-je ce voyage, où l'on vit le prétendu héritier de la couronne de France, recevant, d'un envoyé de la cour de Dresde, deux mille louis, et l'assurance de quatre mille huit cents livres par mois ; arrivant à *Mittau*, où une réception très-extraordinaire, si elle n'eût été ridicule, lui retraça le spectacle des grandeurs qui n'étaient plus pour lui qu'un songe fécond en regrets ? Que dire de cette conférence secrète et chevaleresque, tenue à *Mittau* entre le *prétendant*, le *prince de Condé* et *Suvarow* ? Là sont formés de nombreux plans de guerre et de calamités en Italie, en Suisse, dans l'Est et le Midi de la France, tandis que des forces navales, récemment organisées par Paul Ier., se joindraient à la puissance maritime des Anglais, pour seconder le rétablissement des Bourbons. Personne n'ignore que ce prétendant n'était à Mittau qu'une espèce de prisonnier, dont les tristes courtisans n'avaient pas le droit de dépasser *Riga*, et à qui il était défendu d'avoir aucune relation avec l'armée de Condé.

Sans doute la France n'avait rien à redouter de ce comte d'Artois qui s'était montré un instant à l'Isle-Dieu, et qui était ensuite allé cacher sa nullité et ses vices à Édimbourg. La France n'avait rien à redouter d'un prétendant ridicule, esclave de tous les préjugés et dupe de tous les partis, qui, joué et méprisé

également en Italie, en Allemagne, en Angleterre, et même en Russie, s'épuisait en vains
desirs, stimulait ses agens aux combats, et
s'éloignait chaque jour davantage du lieu de
l'action. Mais ces deux princes, tout odieux et
tout lâches qu'ils se présentent à l'Histoire de
notre tems, n'en combinaient pas moins avec
les *Pitt*, les *Condé*, les *Suvarow*, les moyens
de dévaster la France, et de punir indistincte-
ment tous ceux qui n'avaient pas travaillé
pour eux, ou pensé à défendre leur cause.

Lisez les instructions données à cette époque,
aux chefs vendéens ; voyez les mesures indi-
quées par le cabinet de Saint-James ; portez-
vous un instant, par la pensée, à tout ce que
pouvait produire en France, et à Paris surtout, ce *Suvarow* si fameux par les horreurs
de la Crimée et de la Pologne : vous verrez
que ce vaste plan de fureurs et de calamités,
commencées en Italie, et heureusement para-
lysées par la bataille de *Zurich*, n'était autre
chose que l'organisation des guerres civiles,
organisation entièrement consacrée au crime,
à la violence, à la barbarie, à la destruction.

Mais c'est en vain que les *Bourbons* ont
aidé les Anglais à armer la chouannerie et à
réorganiser tous les forfaits des dissentions
civiles ; c'est en vain que ces parricides ont

armé contre leur pays toutes les volontés aveugles et tous les bras coupables : le génie de la victoire, qui avait paru s'exiler de la France avec la flotte qui porta les vainqueurs d'*Aboukir* et des *Pyramides*, revient avec le héros du Nil.

Le gouvernement directorial avait passé rapidement de l'élévation à la décadence. Quatre années avaient suffi pour le faire tomber de la vigueur de la jeunesse dans tous les symptômes de la décrépitude. Les longues et insignifiantes négociations de *Rastadt* s'étaient terminées par un crime, et ce crime était l'ouvrage du gouvernement anglais. La guerre avait recommencé avec l'Autriche : la France, en changeant chaque jour de gouvernans et de généraux, ne faisait que changer de malheurs et de défaites. *Scherer* présidait à la mutilation de notre armée en Italie et à la dispersion de nos forces. *Joubert* avait péri sur le champ de bataille de *Novi*. L'Italie était dévastée par les Russes, les Autrichiens, et les Calabrois que conduisait le cardinal *Ruffo*. La Hollande était près d'être envahie par une descente de Russes et d'Anglais qui s'emparaient de ses escadres et menaçaient son territoire. La Suisse était ensanglantée par l'irruption des troupes de *Suvarow*. A Paris circulait déjà la proclamation qui excitait les Français au rappel des *Bourbons*, les invitait à reconnaître le pouvoir de Louis XVIII, et à *espérer dans sa clémence ;* à Paris se rédigeaient les circulaires qui devaient servir de précurseur au prétendant. Des milliers d'écrits incendiaires étaient répandus dans les départemens ; le Midi était en feu ; la guerre civile avait éclaté dans la Haute-Garonne ; et sans la bataille de *Montrejeau*, où les Bourbonniens furent exterminés, la contagion des discordes civiles aurait ravagé ces belles contrées. En un mot, la situation de la France était l'opposé de ce qn'elle avait été à l'époque du traité de *Léoben*. Mais, par bonheur, le général illustre qui l'avait dicté, reparaît en Europe comme par un prodige, et les espérances de bien public et de victoire renaissent dans tous les cœurs. A cette nouvelle, les complices et les agens des Bourbons sont aterrés dans l'intérieur, de même que les armées des coalisés avaient été exterminées dans les Alpes-Suisses, ou faites prisonnières au Texel. Un nouvel ordre de choses va paraître : BONAPARTE, revenu d'Égypte, est armé du pouvoir par le Corps législatif, et le *gouvernement consulaire commence* .....

CHAPITRE VII.

Conduite des Bourbons, depuis l'an 8 jusqu'en l'an 13.

DEPUIS deux ans surtout, *la France était mal gouvernée.* La loi des ôtages et l'emprunt forcé de cent millions avaient porté une atteinte violente à la sûreté des personnes et des propriétés. Les directeurs avaient, par l'impéritie de leurs mesures, la versatilité de leurs principes, l'incohérence de leurs vues, la faiblesse de leur gouvernement, rappelé l'image des *Rois fainéans* et de l'*anarchie féodale.* On sentait partout le besoin d'une autorité concentrée et d'un gouvernement énergique. Le vainqueur de l'Italie et de l'Égypte est proclamé *Premier Consul;* et tout prend une face nouvelle.

Déjà les oppressions individuelles cessent : la loi des ôtages et l'impolitique emprunt sont abrogés. On rédige de nouvelles lois constitutionnelles; l'espérance renaît dans tous les cœurs.

Quelles machinations ne font pas alors les Bourbons et leurs agens dans l'intérieur de la France ? Ils ont vu, avec une douleur profonde, la propriété reprendre ses droits, l'agriculture ses progrès, le peuple sa confiance, les finances leur ordre naturel, et les armées leur direction victorieuse. Ces fabricateurs de troubles imaginent de répandre de nouvelles alarmes sur les propriétés, et d'exciter encore les dissentions intestines. A leur voix impie, la Vendée rallume ses feux mal éteints ; l'assassinat s'organise pour des opinions politiques, dans les divers départemens, et toutes les routes sont infestées de voleurs armés par la politique *anglo-bourbonienne*.

On eût dit que la France était revenue à ces tems désastreux, où des seigneurs féodaux, aussi barbares que misérables, établissaient, à main armée, des contributions sur les passans, et rançonnaient le commerce. Les diligences étaient partout arrêtées, les voyageurs assassinés, et l'argent de l'État pillé avec des formes presque militaires.

Voilà d'étranges moyens employés pour remettre un Bourbon sur le trône ! des bandes de brigands armés, des attroupemens de voleurs de diligences, et des assassins organisés en compagnies ! Pour combattre ces troupes bourboniennes,

bourboniennes , le gouvernement consulaire
se voit forcé de placer une garnison sur chaque diligence. Ces forteresses ambulantes sont
encore attaquées , et il faut de nombreux combats pour délivrer la France de ces brigands
patentés à Londres et à Mittau.

Mais le crime renaissait du crime. Aux
assassins des grandes routes et aux voleurs
de diligences succédèrent bientôt des bandes
nouvelles de malfaiteurs armés, qui s'introdui-
saient partout, qui épiaient le moment d'un
grand forfait également nécessaire à la cour
du prétendant et au cabinet de Saint-James.
Le plus vil et le plus imperturbable espion-
nage est organisé en France, par ordre des
Bourbons, au profit de l'Angleterre qui les
paie et les méprise.

Tandis que les traîtres de l'intérieur s'agitent encore sourdement , et blanchissent en
écumant de rage le frein nouveau que le Premier Consul leur a donné , l'extérieur présente un spectacle alarmant pour la France,
si elle n'avait pour premier magistrat un
héros.

L'Empereur d'Autriche se tenait sur la dé-
fensive en Allemagne , tandis qu'il poussait
les Français de l'Italie dans les Alpes, et que
des troupes de débarquement se disposaient

à attaquer la Provence. L'Angleterre renfor-
çait ses flottes de la Méditerranée et de l'O-
céan, pour insulter de nouveau les côtes de
la France et de la Hollande, et préparait des
secours encore plus considérables pour les
rebelles que les Bourbons nourrissaient de
coupables espérances dans la Vendée.

L'armée française, renfermée dans Gênes,
éprouvait cette longue famine qui en dévorait les habitans. Cernée par *Mélas*, bloquée
par la flotte anglaise, elle apprenait avec désespoir que les troupes qui devaient la secou-
rir, étaient forcées de repasser le Var.

BONAPARTE et l'armée de réserve, impro-
visée par la victoire, en franchissant le Mont
Saint-Bernard, reportent la gloire du nom
français dans les Alpes étonnées de l'audace
du passage d'une artillerie formidable à tra-
vers les glaces et les précipices. *Bard* est pris;
Yvrée est enlevé de vive-force. Les Autrichiens, battus sur la *Chiusella*, abandonnent
aux Français d'immenses magasins à *Verceil.*
Le PREMIER CONSUL, maître du Haut-Piémont
et de Fenestrelle, réunit les divers corps à
l'armée de réserve sur les bords du Tésin,
avant que la formidable armée commandée
par Mélas se doute même de l'existence de
cette armée française, qui, dans peu de jours,

doit la battre et l'exterminer dans les plaines
de *Marengo*.

La journée de *Montebello* en est le pré-
lude. Ce succès du 20 prairial prépare la victoire du 25, et la défaite complète de Mélas
donne le même jour toutes les places de l'Italie
à la France, la paix à l'Europe continentale,
le désespoir à l'Angleterre, et la honte aux
lâches partisans des Bourbons.

« *J'espère*, écrit le Premier Consul, *que*
» *le peuple français sera content de son*
» *armée.* » Mais, pendant qu'il traçait ces
paroles immortelles, le génie infernal de l'Angleterre appelait les complots des deux Bourbons relégués à Mittau et à Édimbourg, et
leur montrait un nouvel instrument de mort
préparé dans les contrées de la Vendée, pour
les délivrer du vainqueur de Marengo et du
pacificateur du continent.

Pitt et d'Artois comptent déjà les monstres
et les sommes consacrées à cet horrible complot. L'esprit de la chouannerie s'agite dans
les départemens. Un drap mortuaire, placé
à Paris sur les fondations de l'église de la
Madeleine, est le signal donné au fanatisme
des Bourbonniens. Un jeune imposteur se fait
passer pour le Dauphin. Des bricks anglais
vomissent sur nos côtes les directeurs atroces

de cette *machine infernale* ; le gouvernement anglais , *payeur-général* des crimes ,
croit déjà tenir en sa puissance la destinée et
la vie du Premier Consul. Il a pensé qu'il ne
pouvait vaincre la France que par des crimes , et en partager le territoire qu'avec des
Bourbons.

Je crains de souiller ma plume en traçant
les horribles détails de ce crime inoui, qui a
excité l'indignation générale, et qui produira
une honorable incrédulité dans la postérité la
plus reculée. L'explosion du 3 nivôse éclaira
l'infamie des Bourbons et des Anglais.

Voyez les coupables regrets de cette race
justement détrônée, et la honte des ministres
de Saint-James ! Leurs agens, trop long-tems
méconnus , cherchent encore à égarer le pouvoir et à pallier leur crime, pendant que la
France alarmée ne voyait qu'avec effroi la
longue suite des calamités et des guerres civiles qui pouvaient naître de cet attentat.

Il n'y a que le courage et la vertu qui
honorent l'adversité. Le forfait du 3 nivôse
ensevelit les Bourbons sous le poids de la
honte, ôta au malheur tout son intérêt , et
justifia de nouveau leur bannissement de la
France.

Oh ! combien ils furent désespérés de tout

ce qui, depuis cette effroyable époque, arriva d'honorable et de grand pour la nation et pour son illustre chef ! Le *concordat*, conclu par le gouvernement consulaire, r'ouvre les temples à la piété des fidèles, la France aux prêtres proscrits, et rend pratique la tolérance si inutilement prêchée jusqu'alors par la philosophie. Le *traité de Lunéville* ramène l'ordre et la prospérité sur le continent, en même tems qu'il enlève aux Bourbons l'appui de la Russie détrompée et de l'Autriche vaincue. Enfin, *la paix d'Amiens* leur ôta leur dernière ressource ; l'arsenal des crimes anglais se referma quelques instans, et l'Univers respira.

Mais, comme si la haine des êtres lâches et corrompus était condamnée par la nature et par la politique à une sorte d'immortalité ; comme si les hommes renversés du trône, ou chassés honteusement du pouvoir, ne pouvaient plus transiger qu'avec la fureur, l'ambition et le crime, l'on voyait croître la haine et l'esprit de vengeance des Bourbons et de leurs partisans, à mesure qu'on voyait la nation française se rétablir, sa prospérité s'augmenter, et son gouvernement nouveau se stabiliser et s'affermir.

Qu'opposa le gouvernement français à ces

projets de vengeances concertées ? Une idée magnanime et généreuse fut proposée au PREMIER CONSUL par une puissance respectable du Nord. Cette idée est adoptée aussitôt, pour éviter aux Bourbons l'humiliation de vivre de la charité de l'Europe. Une pension considérable et analogue aux circonstances et au rang des Bourbons devait être la suite de l'exécution d'une condition nécessaire au repos de la France. C'était que les Bourbons quittassent l'Angleterre, et allassent vivre tranquilles à Varsovie ou dans toute autre partie reculée de l'Europe. La paix du continent et le besoin d'enlever à l'Angleterre un épouvantail ridicule dont elle se servait avec autant d'atrocité que de mépris, étaient des motifs dignes d'un gouvernement sage et prévoyant. Mais les *Bourbons* ne voient qu'eux, ne consultent que l'ambition des Anglais, et ne se dirigent que par un orgueil héréditaire, qui depuis long-tems n'a ni cause ni motifs réels. Il faut être vainqueur pour régner ; il faut aimer son pays pour le gouverner. Les peuples ne sont pas de simples héritages ou de vils troupeaux qu'une race dégradée peut revendiquer ou se partager à son gré ; il n'y a que la vertu publique et la gloire militaire qui puissent régner sur des Français.....

Comment répondirent ces Bourbons exilés et vaincus à la générosité du gouvernement français? De gothiques prétentions, des injures politiques et des reproches à la fois orgueilleux et hypocrites qu'ils insérèrent, comme des *pamphlets*, dans les journaux d'Allemagne et d'Angleterre, quoique ce fût la Prusse qui eût exercé sa noble médiation pour que des hommes qui ont été à côté du trône, ne demeurassent pas dans une humiliante mendicité.

« Je ne saurais approfondir, répond
» Louis XVIII, les intentions du Tout-Puis-
» sant à mon égard et à l'égard de ma *ligne;*
» mais je ne perdrai jamais de vue les obli-
» gations que m'impose le rang dans lequel
» elle a bien voulu me faire naître. Je rem-
» plirai ces obligations en Chrétien, jusqu'à
» mon dernier soupir. Comme descendant
» de saint Louis, je tâcherai de suivre son
» exemple en me respectant moi-même jus-
» que dans la captivité et dans les chaînes ;
» comme successeur de François Ier. au moins
» je dirai , comme lui : *Nous avons tout*
» *perdu, fors l'honneur.....* »

Mais si saint Louis sortit du royaume, ce fut pour obéir à l'esprit de son siècle, et pour aller en héros combattre les infidèles; si

François Ier. sortit de France, ce fut pour combattre en Italie pour les droits de sa famille, et la gloire accompagna ces deux monarques dans la Palestine et dans le Milanais, malgré leur captivité. Voilà, voilà d'honorables chaînes et d'illustres chefs de l'ancienne chevalerie !

Mais Louis XVIII n'est sorti de France qu'en fuyant ; il n'est allé en Italie, en Allemagne et en Russie que pour y allumer la guerre contre les Français. Il ne s'est pas même mis à la tête des émigrés qu'il avait trompés par de parricides promesses, ni des Vendéens qu'il avait excités par d'horribles espérances, et il s'est toujours tenu loin du théâtre des combats. Peut-il se dire descendant de saint Louis, le prince lâche et fugitif qui a fomenté les guerres civiles les plus atroces, et qui a poussé les puissances de l'Europe à envahir, à déchirer son pays ? Peut-il se dire descendant de François Ier. , celui qui n'a été présent à aucune bataille, qui est allé tendre bassement la main dans toutes les cours de l'Europe, et qui a mis son honneur à incendier, à bouleverser, à partager la France aux barbares qui en dévoraient déjà des yeux les sanglantes dépouilles ?

Tel est ce *prétendant* qui repousse la main

bienfaisante qui lui assurait un asyle honorable et des secours dignes de son ancien rang. Nous ne pourrions pas peut-être lui refuser quelque admiration si depuis longtems il n'avait dépouillé le malheur de sa dignité, et son haut rang de tous ses prestiges; mais ces refus ne tenaient ni à la grandeur de ses prétentions ni à l'élévation de son âme, mais bien aux nouvelles espérances que lui donnaient des complots renouvelés en Angleterre pour troubler la paix des nations.

Le traité d'Amiens causait à la fois le désespoir des ministres britanniques et du *prétendant.* Forcés également à ne plus alimenter les dissentions civiles en France, ils se consolèrent en se liguant de nouveau pour en rallumer tous les feux. Louis XVIII continua d'être le mannequin royal dont les Anglais épouvantaient en France les hommes dévoués au gouvernement, et alléchaient le parti des rebelles et des assassins. Il en fut instruit, et il répondit au ministre de la puissance étrangère, qui insistait pour son honorable repos (1) : « J'ai une *ressource* » sur laquelle je puis compter; et je ne crois » pas devoir y recourir tant qu'il me restera

____

(1) Le 19 mars 1803.

» des *amis puissans.* Cette ressource est de
» faire connaître ma situation en France.....
» et *comptez que bientôt je serais plus ri-*
» *che que je ne le suis à cette heure.....* »

La *paix d'Amiens* est rompue peu de jours après cette déclaration du *prétendant;* et l'assassinat du Premier Consul s'organise de nouveau à Londres sous les yeux de M. Pitt et du ci-devant comte d'Artois. Les voilà donc, les dignes successeurs du grand Chatam, de saint Louis et de François Ier., descendus au dernier rang des assassins et des parricides !

Aussitôt que les hostilités sont commencées sans déclaration de guerre contre la France, tous les ci-devant princes français offrent au roi d'Angleterre leurs illustres services contre leur propre pays. On a d'abord élevé quelques doutes sur la vérité de la lettre des princes dits *français :* un si grand abaissement ne pouvait se comprendre. Ce n'était plus la cause célèbre, toute impie qu'elle était, de *Coriolan* ni du *grand Condé;* mais c'étaient les ridicules prétentions d'un *comte de Provence,* connu par son hypocrisie politique et par sa fuite ; d'un *comte d'Artois,* qui n'eut de fameux que ses vices et son émigration ; et des d'*Orléans,* qui, fugitifs du camp du traître Dumouriez, n'ayant pu se rassurer ni aux États-Unis, ni à la Havanne, ni en Espagne, étaient venus abjurer leur jacobinisme, et reprendre leurs cordons bleus aux pieds de Pitt et de *Monsieur*. Mais l'authenticité de cette lettre (1) est aujourd'hui

---

(1) *Lettre adressée à sa majesté britannique par le ci-devant comte d'Artois.*

« Monsieur mon frère et cousin,

» C'est avec la plus juste sensibilité et les plus vifs sentimens de reconnaissance, que je profite des circonstances actuelles pour prier votre majesté, tant en mon nom qu'en celui de mes fils, des princes mes cousins et de tous les Français résidans dans les États de votre majesté, de vouloir bien nous permettre de nous réunir à vos fidèles sujets, et de vous offrir nos services contre l'ennemi commun. Nous sommes Français, Sire : ni nos malheurs ni les actes nombreux d'injustice que nous avons éprouvés, n'ont affaibli les liens sacrés qui nous attachent à notre pays ; mais l'homme qui a subjugué la France, et qui en a fait l'instrument de sa perfide ambition, est véritablement l'ennemi de tous les Français, autant qu'il est celui de votre majesté et de votre gouvernement paternel.

» En faisant aujourd'hui cette démarche, nous remplissons donc un double devoir ; et si votre majesté daigne accepter nos services, nous rivaliserons constamment avec vos loyaux et fidèles sujets, pour vous prouver toute l'étendue et toute la vivacité de notre gratitude.

» Je prie votre majesté d'agréer avec votre bonté ordi-

aussi incontestable que le refus humiliant de leurs services prononcé par le roi d'Angleterre, et que l'histoire des tems a enregistré avec flétrissure pour ces princes qui depuis si long-tems ont cessé d'être Français.

La guerre entre l'Angleterre et la France fait de terribles progrès ; mais le crime et la trahison en font de plus terribles encore, sous les funestes auspices des ministres de Saint-James et des ci-devant princes français.

Deux généraux s'étaient déshonorés dans les fastes militaires de la révolution. L'un avait trahi son pays dans la Belgique, au profit de la branche d'Orléans, qui n'avait su que conspirer et fuir le 15 mars 1793 ; l'autre avait sourdement préparé de nouvelles trahisons en 1795, sur les bords du Rhin, avec la branche de Condé, qui n'avait su que transiger et corrompre. *Dumouriez*, général-écrivain, qui, depuis sa chute honteuse, ameuta sans cesse les cabinets de l'Europe contre la France, était à Londres, et inspectait avec le duc d'York les charriots de nou-

---

naire, l'hommage aussi sincère que respectueux de tous les sentimens avec lesquels je serai toujours,

» Monsieur, votre frère et cousin. »

velle invention qui devaient transporter sur
les divers points, en cas de descente, l'armée
anglaise, soit pour la défense, soit pour la fuite.
Pichegru, général conspirateur, qui avait fait
ses premières armes de trahison au camp
d'Altkirck, et qui avait continué ses perfides
trames dans le sein du Corps législatif; Pichegru, retiré à Londres, est destiné à passer en
France avec des assassins et leur chef *Geor-*
ges, avec des intrigans et l'espion qui les
dirige. Ces scélérats, missionnaires des Bourbons, sont chargés d'associer à leurs complots
un général ambitieux qui trompait à la fois
sa propre gloire et son pays.

Des vaisseaux de la marine royale partent
des bords de la Tamise, et voiturent des crimes et de l'or jusqu'à nos frontières maritimes. Là des brigands reçoivent des brigands,
et la capitale devient bientôt le théâtre de leurs
secrètes et infernales machinations.

Les Bourbons ont sacrifié, sans réflexion
comme sans intérêt, à Pitt et à Pichegru, leurs
amis les plus intimes, leurs partisans les plus
dévoués, les *Rivière*, les *Polignac :* tous sont
rendus au poste du crime. La France doit
être, au premier signal d'un grand forfait,
livrée de nouveau à toutes les convulsions de
l'anarchie, à la discrétion des brigands soldés

dans toutes les parties de l'Empire , et la guerre civile doit éclater dans tous les départemens , afin que l'Ouest soit ouvert aux perfides Anglais , et le Nord à des coalitions nouvelles.

Voilà donc les présens que les Bourbons ne cessent de faire à leur pays depuis 1792 ; mais le génie qui préside aux destinées de la France , a conjuré d'une main puissante tous ces orages politiques. Ces noirs complots sont avortés ; *Pichegru* , *Moreau* , *Georges* et leurs complices ont subi la peine que les lois infligent aux traîtres et aux conspirateurs : il n'est resté que la honte du crime au cabinet de Saint-James , et la réprobation nationale a été écrite de nouveau sur le front des Bourbons avilis.

Supposons maintenant , pour un instant , que le sceptre de la France fût remis dans les mains du prétendant par un événement extraordinaire quelconque , ou plutôt par un crime atroce (car il n'y a plus que les crimes qui puissent amener un tel résultat) , quelle serait alors la conduite nécessaire , irrésistible de ce Bourbon remontant sur un trône que la lâcheté et l'échafaud ont à jamais déshonoré ?

Les Bourbons , après avoir fui , après avoir fomenté la guerre civile et étrangère contre leur pays, doivent s'y trouver isolés, maudits au milieu d'un peuple qu'ils ont voulu asservir et exterminer. Nul lien moral ne peut plus les attacher à une patrie qu'ils ont couverte de sang et de ruines; nul sentiment généreux n'a pu naître et se conserver dans leur cœur constamment rempli de haine et d'exécration pour les Français, qu'ils appellent *rebelles* et *criminels.*

L'habitude du pouvoir absolu, transformé en esprit de vengeance, ne peut désormais obtenir dans l'âme des Bourbons que des progrès encore plus rapides et des développemens mille fois plus affreux que dans les anciennes périodes de leur puissance, qui n'en était pas moins despotique.

La prétendue nécessité politique de venger la mort du Roi leur frère (1) et la propre honte de leur émigration ne pourraient qu'ajouter aux conseils vindicatifs et violens de ce parti nombreux et lâche qui a fui avec eux au-delà du Rhin, et qui se ralliera toujours à leurs vues perfides, à leurs projets de vengeance et de destruction, quelle que soit l'é-

---

(1) On sent très-bien ce qu'il faut penser de ce sentiment de fraternité, dont *Monsieur* et le comte d'Artois ont donné de si beaux témoignages avant 1789.

poque où ces projets pourraient se réaliser.

Ces Bourbons implacables n'auraient-ils pas à venger leur bannissement, les mépris qu'ils ont essuyés dans l'étranger, les dédains qu'ils ont reçus dans toutes les cours, la longue privation de toutes les jouissances que leur donnaient le rang et la fortune? Redevenus maîtres, pourraient-ils cesser d'être tyrans? Héritiers universels d'un despotisme qu'ils regardent comme héréditaire, pourraient - ils considérer la nation entière qui y aurait attenté depuis la révolution jusqu'à ce jour, autrement que comme une nation ingrate, barbare et sacrilége? Son oppression la plus intolérable n'en serait-elle pas l'inévitable résultat ?

Transportez-vous un instant, par la pensée, à cette époque tant desirée par les Bourbons et leurs partisans (mais qui n'arrivera jamais, j'en jure par les vertus du chef illustre de la France, et par le courage des armées victorieuses qu'il dirige); voyez la France entière livrée à de vils brigands et à des hommes vindicatifs, qui, sous le prétexte de venger le trône des Capets, ne vengeraient que leurs injures personnelles, ou ne suivraient que l'impulsion de leurs crimes; voyez les tribunaux remplis des créatures du despote, remplaçant

les

les tribunaux de la nation , et se jouant d'une amnistie hypocrite ; voyez ceux qui ont servi avec tant de gloire dans les armées , destitués , proscrits, et voués à la misère ou à l'exil ; voyez les acquéreurs des biens nationaux cruellement dépouillés d'une propriété légitimement acquise ; voyez tous les hommes qui se sont déclarés contre les Bourbons , poursuivis et massacrés , tous les fanatismes et les préjugés funestes remis en vigueur , un fantôme de Roi dominant la France abandonnée à des courtisans avides et à des assassins barbares ; voyez la gothique féodalité reprenant ses servitudes et ses châteaux ; les places et les frontières maritimes livrées à l'Angleterre , et bientôt après le territoire français morcelé et divisé entre les puissances de l'Europe, jalouses de la prospérité de la France..... Tel est le tableau épouvantable que présenterait notre malheureuse patrie si des hommes lâches, vils, haineux et vindicatifs, comme les Bourbons dégradés, pouvaient rentrer jamais sur le sol français, ou être au pouvoir de la France sans y trouver sur le champ la peine due à leurs attentats, la mort.

Eh ! qui pourrait traiter de chimérique et d'imaginaire un pareil tableau! Français, ils sont là sous vos yeux, les traités de *Pil-*

nitz et de *Pavie*, l'acte et la carte de partage de la France, la coalition armée, les
discours et les projets du gouvernement anglais, les proclamations du *prétendant* cir-
culant à Paris et dans les départemens, ses
agens et ses promesses dans la Vendée, ses complots réitérés d'assassinat des chefs du gouvernement de la France, complots tramés par les
Bourbons et soudoyés par les Anglais à plusieurs époques; la machine infernale du 3 nivôse, les poignards de Georges; enfin l'offre
récente du *prétendant*, d'hypothéquer au
gouvernement britannique nos ports et nos
places frontières de la mer, pour un emprunt
de vingt-cinq millions destinés à relever, par
des forfaits et des assassinats, le *trône des
Capets*.....

AINSI DONC la race des Bourbons est finie à
jamais pour la France : leur désertion a prononcé leur *déchéance*, alors même que leurs
crimes politiques n'auraient pas révolté l'Europe et légitimé leur *bannissement*.

Et qui donc pourrait contester à la France
l'éternel et imprescriptible droit de renverser
une dynastie dégénérée dont elle est mécon-
tente, et d'en élever une autre dont elle attend le bonheur et la gloire? La souveraineté
des nations n'est point une chimère : les mo-

narques sont faits pour les peuples, et non les peuples pour les monarques.

Ce n'est qu'en vertu de la *loi politique*, qu'un prince, qu'une dynastie règnent. Or, la nation qui a établi la loi politique et la dynastie, peut la changer selon les intérêts suprêmes de sa conservation et de son bonheur : l'histoire l'atteste.

Les *Mérovingiens* dégénérèrent par la perte des vertus guerrières qui avaient distingué *Clovis* leur fondateur. Les partages du royaume divisèrent l'esprit des enfans des Rois, et ces divisions les affaiblirent. Les *Rois fainéans* vinrent, et la nullité de *Childéric III* mit le comble à la nullité de cette race. La nation n'était plus gouvernée. Elle appela le fils de *Charles Martel*, et la monarchie se régénéra.

Le génie vaste et hardi de *Pépin* créa la seconde dynastie : la fortune et la gloire de *Charlemagne* la soutinrent. Les partages, les divisions honteuses et rapides, la féodalité et la dégénération de ses enfans l'affaiblirent sans retour. Les Carlovingiens cessèrent de gouverner, parce qu'ils perdirent l'estime et l'amour de la nation ; *Hugues Capet* les remplaça par son courage et par l'étendue de ses vues politiques.

Le règne de la troisième dynastie a été le plus long, parce qu'elle s'est renouvelée en quelque sorte par plusieurs branches de la même race; mais il fut un moment où les *Valois* auraient porté la nation à exhéréder la dynastie capétienne si les vertus et la bravoure de Henri IV, appuyées du génie et de la probité de *Sully*, n'étaient venues prolonger sa durée. Mais depuis Louis XIII, la décadence a frappé la race des Bourbons, qui, relevée un instant par la jeunesse brillante de Louis XIV, a dégénéré à grands pas sous Louis XV et sous Louis XVI, de manière à ne laisser après elle que le triste souvenir des finances épuisées, de la couronne dégradée, des mœurs corrompues, de la discipline militaire relâchée, de la noblesse avilie à la cour par les vices, épuisée à Paris par le luxe, et réléguée dans les provinces par l'ignorance.

Si les débris de cette dynastie ont été dispersés par l'émigration la plus lâche, s'ils ont été mis en état de révolte par les complots les plus criminels contre leur propre pays, s'ils ont excité des dissentions intestines et soldé des crimes sur toutes les parties de la France, s'ils ont allumé les feux de la guerre soutenue par la coalition de Pilnitz, s'ils ont excité les

Rois de l'Europe à dévaster la France, s'ils se sont ligués avec le plus implacable ennemi des Français, le gouvernement atroce de Saint-James,..... la mesure des forfaits est comblée. Les lois divines et humaines, le droit des nations, la loi politique, la première de toutes les lois, celle de la conservation naturelle, ont prononcé la chute et le bannissement de cette race rebelle et anti-nationale. L'héroïque *dynastie des victoires* n'est-elle pas préférable à l'atroce *dynastie des vengeances* ????

O HENRI IV ! quel sentiment douloureux éprouverait ta grande âme si tu pouvais être le témoin et le juge des actions et de la conduite des princes fugitifs qui osent se dire tes descendans ! Lorsque l'ambition fanatique et criminelle des *Guises* te força de lever ton bras contre une partie des Français, tu fus absous de cette terrible nécessité des guerres civiles, en envoyant du pain aux villes que tu assiégeais ; et du moins tu n'invoquas point l'odieux secours de l'étranger. Mais ceux qui se nomment tes successeurs ont déserté le poste d'honneur ; ils se sont ligués avec les plus cruels ennemis de la France ; ils ont envoyé dans leur patrie tous les fléaux des guerres civiles et étrangères ; ils ont renouvelé contre le chef du gouvernement, les mêmes complots d'assassinat dont tu fus la victime..... Eh ! c'est par de tels degrés qu'ils croient remonter sur le trône qu'ils ont dés-honoré et démoli de leurs mains sacriléges ! Illustre *vainqueur de la Ligue* ! un génie héroïque, semblable au tièn, préside aux des-tinées de la France ; et si du haut des cieux tu daignes encore jeter un regard sur la terre, tes vœux accompagneront sans doute le hé-ros qui a vaincu toutes les *ligues*, et qui a relevé l'antique monument de ta valeur dans les plaines d'*Yvri*. Les fondateurs des Em-pires, les généraux illustres, les monarques bienfaisans et les grands-hommes de tous les pays, de tous les siècles, ne forment qu'une même famille....

F I N.

TABLE DES MATIÈRES.

FIN DE LA TABLE.